CISSP

Una guía completa para principiantes sobre la seguridad de los sistemas de información

Renuncia

El conocimiento y las prácticas en este campo cambian constantemente. A medida que la nueva experiencia y la investigación amplían nuestra comprensión, puede ser importante realizar cambios en las prácticas profesionales, los métodos de investigación o el tratamiento médico.

Los investigadores y los profesionales siempre deben depender de su propio conocimiento y experiencia para evaluar y utilizar los métodos, datos, experimentos o compuestos que se describen en este libro. Al hacer uso de tales métodos o información, deben cuidar su seguridad y la de los demás, de quienes son responsables profesionalmente.

Dentro de los límites de la ley, los autores no se responsabilizan por los daños y / o daños a la propiedad o las personas, ya sea por negligencia o responsabilidad de los productos, o por la aplicación de métodos, instrucciones o productos en este libro.

Tabla de Contenidos

Capítulo 1

Gestión de Riesgos de Seguridad

Como profesionales de la seguridad de la información, la evaluación y mitigación de riesgos son las partes clave de nuestro trabajo. Tratar con el riesgo es el tema de nuestras funciones, ya sea como ingenieros de firewall, auditores, evaluadores de penetración, administración, etc.

Las funciones clave del dominio de Seguridad y Gestión de Riesgos son el análisis y mitigación de riesgos, además de garantizar la implementación de la mejor estructura organizativa para un sistema robusto de seguridad de la información. En esta área de experiencia, es la calidad de las personas la que puede hacer o deshacer una organización. Por "calidad de las personas", nos referimos a que un personal bien informado y experimentado con un liderazgo solidario y con un nivel de calidad de la más alta.

Conceptos básicos de seguridad de la información

La Seguridad de la Información se basa en estos tres concecptos

La confidencialidad, la integridad y la disponibilidad se conocen popularmente como la tríada de la CIA. El acrónimo de la Cia se usará

1

en este libroConfidentiality, integrity, and availability are popularly called the CIA triad.[1]

Confidencialidad. Esto evita el acceso de lectura no autorizado a datos privados, y tales ataques de confidencialidad pueden ser el robo de información de identificación personal (PII).

Integridad. Esto evita el acceso de escritura no autorizada a los datos.

Disponibilidad. Esto asegura que los datos sean accesibles al uso commercial regular

Divulgación, alteración y destrucción. La divulgación es la difusión no autorizada de información. La alteración es la perturbación no autorizada de los datos. La destrucción es el proceso de renderizar datos o sistemas no disponibles.

Identificación y Autenticación. Identificar por sí mismo, es un reclamo. La autenticación se realiza mediante el suministro de una recopilación de información que solo usted posee. Esto puede ser una contraseña o un pasaporte.

Autorización. Este es el conjunto de acciones realizadas una vez que se ha realizado la identificación y la autenticación. Puede estar leyendo, escribiendo o ejecutando archivos o programas.

Responsabilidad. La responsabilidad busca responsabilizar a los usuarios por las acciones que toman. Hacer cumplir la responsabilidad

---

[1] Grasdal, M. (2017). Microsoft® U.S. National Security Team White Paper. Recuperado de http://download.microsoft.com/download/d/3/6/d36a0a81-6aa8-4ff4-835e-9a017df1f036/SecureCollaborationForProfSvcFirms.doc

mantiene a las personas sinceras en sus acciones. La rendición de cuentas en sí se hace generalmente mediante el registro y la realización de análisis de auditoría de datos.

No repudio. No repudio significa que un usuario no puede negar haber realizado una transacción específica. La integridad y la autenticación son necesarias para que ocurra el no rechazo.

Mínimo privilegio y necesidad de saber. Como mínimo privilegio, solo se otorga a los usuarios un acceso limitado al acceso necesario para que los usuarios puedan hacer su trabajo.

La necesidad de saber significa que el usuario debe conocer la información específica antes de acceder a ella.

Sujetos y objetos. Un sujeto es una entidad activa dentro de un sistema de datos. Los sujetos pueden ser personas que acceden a los datos y también puede ser un programa de computadora con acceso a la base de datos.

Un objeto en el otro es pasivo y no puede manipular otros temas dentro de la base de datos. Los ejemplos son documentos en papel físico y archivos de texto.

Defensa en profundidad. La defensa en profundidad también se llama defensa en capas. Implica el uso de múltiples medidas de seguridad para proteger un activo y mejorar su seguridad de la información.

Cuestiones legales y reglamentarias. Para evitar problemas legales relacionados con los sistemas de información, datos y aplicaciones, los profesionales de la seguridad de la información deben comprender los conceptos que se describen en la siguiente sección.

Cumplimiento de las leyes y reglamentos. Esta es una prioridad tanto para la administración de seguridad de la información como para las organizaciones. El conocimiento de la ley es esencial para no violar la ley.

Principales sistemas legales

En la economía global de hoy, la comprensión de los conceptos legales comunes y los principales sistemas legales es una necesidad. Los sistemas legales proporcionan el marco sobre el que se construyen las leyes de sistemas de información. Las leyes civiles, comunes y religiosas constituyen los principales sistemas legales del mundo.

Derecho civil: este es el estándar, los principales marcos legales en muchos países. Esta ley utiliza leyes y estatutos codificados para establecer los límites de la ley. Aquí, la legislatura hace la ley y el poder judicial la interpreta.

Ley Común: Este es el sistema legal utilizado en la mayoría de las antiguas colonias británicas y el Reino Unido.

Leyes religiosas y consuetudinarias: aquí, la doctrina religiosa es la principal fuente de interpretación y estatutos legales. Entre las religiones prominentes, el Islam es la fuente más extendida de sistemas legales religiosos, por ejemplo, el sistema de la ley de la Sharia.

Derecho consuetudinario: este sistema legal se caracteriza por la prevalencia de costumbres ampliamente aceptadas dentro de un grupo. Estas costumbres se tratan como leyes y, con el tiempo, pueden convertirse formalmente en leyes en un sentido más tradicional.

Derecho Penal, Civil y Administrativo.

Dentro de la ley común, hay varias ramas.

Derecho penal: los delitos contra individuos y, en un sentido más amplio, la sociedad está castigada por el derecho penal. El derecho penal se utiliza para promover, así como para mantener una ciudadanía recta castigando a los infractores. En casos penales, la carga de la prueba debe estar fuera de toda duda razonable.

Derecho civil: este es un sistema legal importante en el mundo y está asociado con el sistema legal de derecho común. La ley de daños y perjuicios es la mayor fuente de demandas judiciales que buscan daños que resultan de la negligencia del deber de un individuo.

Ley administrativa: la ley administrativa (o reglamentaria) son medidas de cumplimiento exigidas por el gobierno y promulgadas por el brazo ejecutivo del gobierno en los EE. UU. Los ejemplos incluyen regulaciones de la FCC, regulaciones de la FDA y regulaciones de la FAA.

Responsabilidad

La sociedad moderna es litigiosa y la negligencia puede ser bastante costosa. Como resultado de esto, la responsabilidad legal es un concepto fundamental para los profesionales de la seguridad de la información, así como para sus empleadores.

Dos términos importantes para la determinación de responsabilidad corporativa en el tribunal de justicia incluyen el debido cuidado y la debida diligencia.

Debido cuidado y debida diligencia

El cuidado debido que también se conoce como la regla del "hombre prudente", significa que una persona lógica debe hacer en cualquier situación. La diligencia debida es la gestión del debido cuidado. Una ilustración que muestra los dos conceptos es: su personal parcheando sus sistemas es la debida atención, mientras que verifica si tal acción se ha llevado a cabo es la diligencia debida.

Negligencia grave: esta es una situación en la que la víctima no demuestra el debido cuidado. Por ejemplo, si pierde la PII y no protege sus datos, ha actuado con negligencia grave.

Aspectos legales de las investigaciones.

Evidencia: este es un concepto importante para que los profesionales de seguridad de la información entiendan, ya que a menudo tienen que manejar la evidencia durante las investigaciones.

La mejor regla de evidencia

En general, los documentos originales y los objetos tangibles son más concretos como evidencia en comparación con las copias y el testimonio oral, respectivamente. La mejor evidencia siempre debe ser presentada en la corte.

Integridad de la evidencia: La mejor evidencia es una que sea confiable. A lo largo de las investigaciones forenses, se manejan datos digitales y se necesitan sumas de comprobación para garantizar que los datos no se hayan manipulado.

Atrapamiento y tentación: estos son muy similares, ya que ambos pueden involucrar a agencias de cumplimiento de la ley. La diferencia es que en el entrampamiento, los agentes del orden persuaden a una persona para que cometa un delito, mientras que en la incitación, solo se proporcionan condiciones favorables para el crimen.

Crimen informático

El delito informático es un aspecto crucial de la interacción del sistema legal y la seguridad de la información. Las leyes sobre delitos informáticos varían en las jurisdicciones regionales, pero existen algunas generalidades.

Propiedad intelectual

Esto se refiere a la propiedad intangible creada a través del esfuerzo mental de los conceptos de propiedad intelectual individual que pueden brindar una ventaja competitiva a sus propietarios.

Marcas comerciales: estas permiten que una marca distinga su fuente de productos y servicios de otras. Los nombres, los símbolos, los logotipos y las imágenes son comúnmente elementos de marca registrada. El símbolo R dentro de un círculo indica una marca completamente registrada (marca registrada).

Patente: La patente otorga al titular derechos exclusivos para hacer o vender una invención nueva y única. El titular de la patente puede evitar que los competidores utilicen su invención mientras la patente sigue siendo válida. En general, una patente es válida por 20 años en Europa y los Estados Unidos.

Derechos de autor: se denota mediante el símbolo c en círculo, y protege las obras musicales o literarias. Los derechos de autor protegen contra modificaciones y distribuciones no autorizadas.

Licencias: Las licencias de software son contratos entre el proveedor de software y el consumidor. Pueden otorgar permiso al consumidor para usar el software según lo consideren adecuado o pueden tener algunas restricciones. El EULA (acuerdos de licencia de usuario final) es único porque el uso del software proporcionado constituye un acuerdo contractual.

Secretos comerciales: esta información es necesaria para mantener una empresa competitiva. El debido cuidado y la diligencia son claves para manejar los secretos comerciales. Los métodos de protección comúnmente utilizados son los acuerdos de no competencia y no divulgación.

Intimidad

Este es el acto de proteger la confidencialidad de la PII de los usuarios del host.

Privacidad de la Unión Europea: cuando se trata de negocios, la UE tiene una postura pro-privacidad. La estandarización de las regulaciones sobre privacidad de datos tiene un efecto positivo en el comercio dentro de la unión y esto se logra a través de la Directiva de Protección de Datos de la UE.

Pautas de privacidad de la OCDE: La Organización para la Cooperación y el Desarrollo Económicos (OCDE) está formada por 30 países miembros y, durante sus foros, los países se centran en cuestiones económicas mundiales y emiten recomendaciones de consenso relacionadas con cambios de políticas dentro de la asociación.

Puerto seguro entre la UE y los EE. UU : se estableció para brindar a las organizaciones con sede en los EE. UU. El marco necesario para manejar adecuadamente los datos procedentes de la UE. Los participantes (organizaciones) deben cumplir con los principios de privacidad de datos más estrictos de la Directiva de protección de datos de la UE.

Cooperación internacional

El acto más significativo de la cooperación internacional en la política de delitos informáticos es el tratado presentado por el Convenio del Consejo de Europa sobre el delito cibernético, un tratado también firmado y ratificado por los Estados Unidos. El objetivo principal del tratado es estandarizar la política de ciberdelito (investigación y procesamiento) entre las naciones participantes.

Restricciones de importación / exportación

Muchos países se han movido para restringir la importación y / o exportación de sistemas criptográficos y hardware criptográfico. Esto se hizo porque estos países quieren que sus ciudadanos utilicen sistemas criptográficos que sus agencias de inteligencia puedan descifrar.

El Comité Coordinador para los Controles Multilaterales de Exportación (CoCom), fue un acuerdo multinacional que se formó durante la Guerra Fría. Restringía la exportación de ciertas tecnologías criptográficas a países comunistas. Después de la guerra, el arreglo de Wassenaar, menos restrictivo, tomó su lugar, aunque la exportación a países no miembros todavía es significativamente limitada.

Seguridad y Terceros

En los últimos años, la medida en que las organizaciones confían en terceros para proporcionar servicios empresariales importantes ha aumentado la importancia del departamento de seguridad de la información de una organización.

Proveedor de servicios de seguridad contractual

Los contratos son los principales controles de seguridad cuando se trata de organizaciones de terceros. Esto es importante dada la tendencia de mayor subcontratación.

Acuerdos de nivel de servicio (SLA): se implementan para identificar las expectativas clave que el proveedor debe cumplir contractualmente. Los SLA generalmente sirven para propósitos de seguridad.

Declaración: Esto implica que una organización externa revise las prácticas del proveedor de servicios. La declaración producida a partir de esta revisión proporciona evidencia sobre si la organización es confiable o no.

Derecho a la prueba de penetración / derecho a auditar documentos: estos proporcionan una aprobación por escrito a la organización de origen (o un proveedor de confianza) para realizar sus propias pruebas

Una auditoría de terceros o una prueba de penetración realizada por el proveedor del servicio puede reemplazar los documentos mencionados anteriormente.

Obtención

Este es el acto de comprar productos y servicios ofrecidos por un tercero. El uso del departamento de seguridad permite a la organización tomar decisiones basadas en el riesgo antes de la aceptación del proveedor.

Gobernanza del vendedor

Esto es para garantizar que el servicio prestado por el proveedor externo a la empresa sea generalmente del estándar adecuado. Como esto implica a ambos lados, los profesionales son empleados por el proveedor de servicios y la empresa.

Adquisiciones

Las adquisiciones pueden interrumpir y afectar aspectos de las empresas involucradas, especialmente en términos de seguridad de la información.

La evaluación de la vulnerabilidad de la empresa adquirida y las pruebas de penetración de las redes forman una parte clave de la diligencia debida a este respecto.

Desinversiones

Estos también son conocidos como divergencias y desacumulaciones. Aquí, una empresa unificada se divide en dos o más. Las desinversiones conllevan más riesgos que adquisiciones porque el hecho de no actualizar las contraseñas antiguas y reemplazar los controles físicos de seguridad (claves e insignias) abre las nuevas empresas a los ataques de TI internos.

Ética

La ética es la práctica de hacer lo que es moralmente correcto. Un ejemplo de un código de ética es el Juramento Hipocrático, tomado por los médicos. La ética es muy importante para los profesionales de la seguridad de la información porque manejamos información sensible e interactuamos con los clientes, y además, nuestros socios deben saber que actuaremos con integridad.

El Código de Ética (ISC) 2®

Este código de ética es el más comprobable en los exámenes. Entre otros pasos, aceptar el código es crucial para convertirse en un CISSP®. El código de ética (ISC) 2® está disponible en el siguiente sitio web: https://www.isc2.org/ethics/default.aspx.

El código incluye un preámbulo que sirve como introducción, cánones obligatorios y orientación de asesoramiento.

Instituto de ética informática

Otro código de ética que se debe tener en cuenta son los Diez Mandamientos de la Ética de la Computación, presentados por el Instituto de Ética de la Computación. El código es similar en formato a los Diez Mandamientos de algunas de las principales religiones del mundo. Son:

1. No dañarás a otros usando una computadora.

2. No interrumpirás el trabajo informático de los demás.

3. No invadirás la privacidad de otros archivos de computadora.

4. No usarás una computadora para dar falso testimonio.

5. No robarás haciendo uso de una computadora.

6. No usarás software que no haya sido pagado.

7. No debe intentar que obtenga acceso no autorizado a los recursos de computadora de otras personas.

8. No debes tomar crédito por el rendimiento intelectual de otras personas.

9. Considerarás las consecuencias sociales al crear un programa.

10. Usarás las computadoras de manera considerada y respetable.

La ética de IAB y la Internet

El código ético de la Junta de Actividades de Internet (IAB) es un documento RFC (RFC 1087, Ética e Internet) publicado en 1987. Según la IAB, cuando las siguientes prácticas se llevan a cabo deliberadamente, se consideran no éticas:

1. Interrumpe el uso previsto de Internet.

2. Residuos de recursos de Internet

3. Destruye la Integridad de la información basada en computadora

4. Compromete la privacidad de los usuarios

Gobernanza de la Seguridad de la Información

Esto se refiere a todas las actividades realizadas por la administración superior de una organización para garantizar que un sistema de seguridad de la información adecuado y exitoso esté en su lugar con la organización.

Política de seguridad y documentos relacionados

Las políticas realistas y relevantes son parte integral de cualquier programa de seguridad de la información. Estos documentos deben estar en línea con los tiempos actuales y deben servir como marco para la mejor manera de hacer las cosas dentro de la organización.

Política: las políticas son directivas generales de administración de alto nivel que también son obligatorias.

Procedimientos: a diferencia de las políticas, los procedimientos son guías de bajo nivel y muy específicas para llevar a cabo una tarea determinada. Los procedimientos también son obligatorios.

Estándares: esto describe el uso específico de la tecnología, y esto se aplica tanto al hardware como al software. Un estándar de hardware podría estar enumerando los requisitos del sistema para una computadora portátil de la empresa. Un estándar de software puede ser especificar la marca y la versión de los sistemas operativos que se utilizarán en la computadora portátil.

Las normas son obligatorias. También reducen el TCO de una salvaguardia y apoyan la recuperación ante desastres.

Pautas: las pautas son recomendaciones discrecionales que también pueden considerarse consejos útiles. Un ejemplo puede ser una guía sobre cómo crear una contraseña segura.

Líneas de base: las líneas de base son formas consistentes de implementación estándar. Las líneas de base también son

14

discrecionales. Uno puede decidir alcanzar un objetivo dado sin seguir los puntos de referencia de una línea de base, pero deben producir resultados comparables a los que siguieron el estándar. Se requiere autorización de la alta gerencia para la excepción formal a la línea de base.

Política de seguridad y documentos relacionados

Las políticas realistas y relevantes son parte integral de cualquier programa de seguridad de la información. Estos documentos deben estar en línea con los tiempos actuales y deben servir como marco para la mejor manera de hacer las cosas dentro de la organización.

Política: las políticas son directivas generales de administración de alto nivel que también son obligatorias.

Procedimientos: a diferencia de las políticas, los procedimientos son guías de bajo nivel y muy específicas para llevar a cabo una tarea determinada. Los procedimientos también son obligatorios.

Estándares: esto describe el uso específico de la tecnología, y esto se aplica tanto al hardware como al software. Un estándar de hardware podría estar enumerando los requisitos del sistema para una computadora portátil de la empresa. Un estándar de software puede ser especificar la marca y la versión de los sistemas operativos que se utilizarán en la computadora portátil.

Las normas son obligatorias. También reducen el TCO de una salvaguardia y apoyan la recuperación ante desastres.

Pautas: las pautas son recomendaciones discrecionales que también pueden considerarse consejos útiles. Un ejemplo puede ser una guía sobre cómo crear una contraseña segura.

Líneas de base: las líneas de base son formas consistentes de implementación estándar. Las líneas de base también son discrecionales. Uno puede decidir alcanzar un objetivo dado sin seguir los puntos de referencia de una línea de base, pero deben producir resultados comparables a los que siguieron el estándar. Se requiere autorización de la alta gerencia para la excepción formal a la línea de base.

Personal de Seguridad

El mayor riesgo de seguridad de una organización puede provenir de sus usuarios. Como tal, los usuarios deben estar debidamente capacitados y ser conscientes de estos riesgos. Los controles de antecedentes también son muy importantes.

Concientización y capacitación sobre seguridad: la concientización sobre seguridad implica llevar la atención de los usuarios a áreas clave. La capacitación en seguridad es el proceso de proporcionar a los usuarios y profesionales un conjunto de habilidades que mejorará su capacidad para interactuar con los sistemas de seguridad de la información.

Verificación de antecedentes: las verificaciones de antecedentes involucran la verificación de antecedentes penales (si corresponde), así como de documentos que brindan información sobre las certificaciones, educación y experiencia laboral de una persona. Es una parte clave del proceso de contratación.

Terminación del empleado: este es un proceso justo y legal que implica la revocación de todas las formas de acceso de un empleado. Debe llevarse a cabo de manera justa para evitar que el ex empleado se convierta en un enemigo potencialmente peligroso.

Seguridad de proveedores, consultores y contratistas: estos terceros pueden representar un riesgo de seguridad para la organización debido a la posibilidad de acceder a datos confidenciales. Sin embargo, este riesgo puede ser mitigado por un adecuado conocimiento de la seguridad, la capacitación del personal de terceros y la realización de verificaciones de antecedentes. Las políticas de seguridad de la información, las pautas y las políticas de la organización también deben aplicarse a ellas.

Externalización y deslocalización: ambas involucran a terceros que prestan servicios de TI a una organización; pueden reducir el TCO de la organización al tiempo que mejoran sus capacidades de TI. La diferencia es que los servicios provistos en la deslocalización provienen de otro país. La deslocalización puede presentar problemas de privacidad debido a las diversas leyes de privacidad que se aplican a varios países. Un medio para proteger los datos no autorizados es buscar asesoría legal antes de ingresar a un acuerdo de este tipo y asegurarse de que exista un contrato para ofrecer pautas sobre cómo se manejarán los datos en el otro país.

Categorías y Tipos Defensivos de Control de Acceso

Aquí, se discutirá cada uno de los controles de acceso.

Preventivo. Se implementan controles preventivos para restringir lo que un usuario autorizado o no autorizado puede hacer.

Detectivo. Los controles de detección, como el sistema de detección de intrusos, están diseñados para actuar como alarmas durante los ataques.

Correctivo. Los controles correctivos se centran en reparar un sistema o proceso que ha sido dañado. Trabajan de la mano con el control detective. Por ejemplo, un software antivirus inicialmente ejecutaría un análisis (detective) y pondría en cuarentena o eliminaría los archivos infectados (correctivo).

Recuperación. Los controles de recuperación sirven para restaurar la funcionalidad del sistema después de que haya ocurrido un incidente de seguridad. Por ejemplo, reinstalar un sistema operativo o recuperar documentos de una copia de seguridad.

Disuasorio. Los controles disuasorios sirven como una sanción que permite a los usuarios comprender las consecuencias de las acciones ilegales. Por ejemplo, las políticas que establecen que un empleado se enfrentará a la rescisión si se detecta el acceso a sitios web ilegales.

Compensación. Este control actúa para aumentar la debilidad de otros controles de acceso.

Análisis de Riesgo

Para un profesional de la seguridad de la información, un análisis de riesgo adecuado es crucial ya que determina las salvaguardas que implementamos y los recursos utilizados para hacerlo. Un análisis deficiente puede llevar a recursos desperdiciados y datos comprometidos.

Bienes

Los activos son recursos que se han determinado que necesitan protección y su valor, ya que los activos determinan las garantías implementadas para su protección.

Amenazas y Vulnerabilidades

Una amenaza es una ocurrencia que puede causar daño.

Una vulnerabilidad es una característica que predispone a una entidad a una amenaza que puede causar daño.

Riesgo = Amenaza × Vulnerabilidad

Las amenazas deben conectarse a la vulnerabilidad para que haya riesgo. La fórmula para esto es: Riesgo = Amenaza x Vulnerabilidad

Los valores (números) pueden asignarse a riesgos específicos cuando se utiliza la fórmula.

Impacto

La ecuación Riesgo = Amenaza × Vulnerabilidad puede tener agregada la variable "Impacto".

Riesgo = Amenaza × Vulnerabilidad × Impacto. El impacto se refiere a la extensión del daño, y se expresa en dólares. El costo puede reemplazar el Impacto en la ecuación anterior.

Matriz de análisis de riesgo

Una matriz de análisis de riesgo es un análisis de riesgo cualitativo que clasifica los riesgos según la probabilidad de ocurrencia y sus consecuencias. Según la matriz, existen riesgos bajos, medios, altos y extremos.

Cálculo de la expectativa de pérdida anualizada (ALE)

El cálculo de ALE ayuda en la determinación del costo anual de una pérdida asociada con un riesgo dado.

Valor del activo: se refiere al valor del activo a proteger.

Hay tres métodos para calcular el valor del activo intangible de acuerdo con Deloitte. Son:

- **Enfoque de Mercado:** aquí, se supone que el valor justo de los activos es el precio de los activos comparables comprados en condiciones similares.

- **Enfoque de Ingresos:** se enfoca en el valor presente de la capacidad de ganancia futura de un activo.

- **Enfoque de Costo:** aquí, el valor razonable de un activo se calcula en relación con el costo de reposición de dicho activo.

EF (Factor de exposición): Este es el porcentaje de pérdida en el valor de un activo debido a un accidente.

LES (expectativa de pérdida única): este es un costo de pérdida única.

ARO (tasa anual de ocurrencia): se refiere a la cantidad de tales pérdidas que ocurren cada año.

ALE (expectativa de pérdida anualizada): este es el costo incurrido por año debido al riesgo. Su fórmula es SLE x ARO.

Costo total de la propiedad

El costo total de una garantía de reducción es el TCO. Por ejemplo, el costo inicial del software de encriptación de computadoras portátiles es de $ 100 / computadora portátil. El proveedor cobra anualmente una tarifa de soporte del 10%. Se estima que llevaría 4 horas instalar el software en cada computadora portátil a un costo de $ 50 por hora más los beneficios, y $ 70, incluidos los beneficios. Si esto se lleva a cabo en 1000 computadoras portátiles en un ciclo de actualización de tecnología de 3 años, el TCO durante los 3 años se calcularía como:

Costo del software: $ 100,000

Soporte de proveedores: $ 10,000 × 3 = $ 30,000

Costo de personal por hora: $ 280,000

TCO por 3 años: $ 410,000

TCO por año: $ 410,000 / 3 = $ 136,667

Por lo tanto, el TCO para el proyecto de encriptación de computadoras portátiles es de $ 136,667 por año.

Retorno de la inversión

La cantidad de dinero ahorrado al aplicar una salvaguardia es el ROI. Puede tener un ROI positivo a través de su implementación de salvaguarda, que le puede dar un TCO anual más bajo que ALE.

Cuando se roba una computadora portátil sin cifrar, el EF es del 100% para el hardware y los datos expuestos. El cifrado reduce el riesgo de exposición a la PII y, por lo tanto, reduce el EF a un 10% solo para hardware.

Si el TCO anual de encriptación de computadoras portátiles es de $ 136,667 y el ALE para una computadora portátil sin cifrar perdida es de $ 275,000, EF reduce la cantidad de ALE de $ 275,000 a $ 27,500 cuando está encriptada. Se ahorran $ 247,500 por año al incurrir en un TCO de $ 136,667. Luego, se obtiene un ROI positivo de $ 110,833 ($ 247,500 menos $ 136,667) por año.

Presupuesto y métricas

Un presupuesto adecuado requiere cálculos de TCO y ROI, así como un análisis de riesgo.

Opciones de riesgo

Después de la evaluación del riesgo, las decisiones deben ser tomadas. El riesgo puede ser aceptado, reducido, eliminado, transferido o evitado.

Acepte el riesgo: en algunos casos, la opción más barata es aceptar ciertos riesgos. Los riesgos con baja probabilidad y consecuencias pueden considerarse para su aceptación, mientras que los riesgos extremos deben evitarse.

Mitigación (reducción) del riesgo: En el análisis de reducción, los riesgos se reducen a un nivel aceptable. El ejemplo anterior de ALE en el cifrado de equipos portátiles es una forma de reducir el riesgo. A veces, los riesgos pueden ser eliminados por completo.

Riesgo de transferencia: puede haber intercambio de riesgo entre entidades como se hace en el caso de las compañías de seguros

Evitar riesgos: en casos extremos, evitar los riesgos es la mejor opción cuando no es posible reducirlos. Se llega a esta conclusión luego de un exhaustivo análisis de riesgo.

Análisis cuantitativo y cualitativo de riesgos.

Al hacer análisis de riesgo, se utilizan estos dos métodos. Las métricas duras como las cantidades en dólares (que calculan el ALE) se utilizan para analizar cuantitativamente el riesgo, mientras que los valores aproximados simples (la matriz de análisis de riesgo) se utilizan para analizar cualitativamente el riesgo. El análisis de riesgo cuantitativo es objetivo, mientras que el análisis de riesgo cualitativo es subjetivo.

El proceso de gestión de riesgos

El Instituto Nacional de Estándares y Tecnología (NIST) de EE. UU. Produjo la guía sobre gestión de riesgos para sistemas de tecnología de la información en la que describe un proceso de análisis de riesgos de nueve pasos:

- Caracterización de los sistemas.

- Identificación de amenazas

- Identificación de Vulnerabilidades.

- Análisis de Control.

- Determinación de Probabilidad

- Análisis de Impacto

- Determinación de riesgo

- Recomendación de Control.

- Documentación de resultados.

Tipos de Atacantes

Los siguientes atacantes pueden hacer que los sistemas de información sean vulnerables y atacados:

Hackers

Originalmente, los piratas informáticos eran conocidos como exploradores no malintencionados que utilizan mal la tecnología.

Los hackers de sombrero negro son atacantes informáticos maliciosos.

Los hackers de sombrero blanco trabajan en beneficio de empresas e instituciones.

Un hacktivista ataca los sistemas informáticos por razones políticas y esto se conoce como hacktivismo.

Los niños de Script utilizan herramientas de las que tienen poca comprensión para atacar los sistemas informáticos.

Outsiders (Forasteros)

Los atacantes con acceso no autorizado a un sistema se denominan forasteros.

Insiders (Internos)

Estos son atacantes que son usuarios internos y tienen acceso autorizado al sistema. Estos ataques pueden ser intencionales o accidentales.

Bots y botnets

Un sistema informático que ejecuta malware se llama un bot. Se controlan a través de botnets.

Una red de bots es una red administrada por humanos (pastores de bots) que tiene un comando y control central sobre los bots.

Phishers

Un atacante malicioso que intenta engañar a los usuarios y robar su PII se llama phisher.

El ataque de ingeniería social utilizado por phisher se denomina phishing y puede implicar el uso de correos electrónicos y sitios web que comprometen a los clientes cuando se activan.

Capítulo 2

Seguridad de los Activos

En este dominio, discutiremos la clasificación de datos y las autorizaciones, las etiquetas, la propiedad y la retención de datos. También veremos las propiedades de remanencia y remanencia de datos de los SSD. Por último, se discutirá la determinación de los controles.

Clasificación de Datos

La gestión de los métodos de clasificación de datos es crucial para la gestión diaria del control de acceso.

[2]Etiquetas

Los sujetos tienen espacios libres, mientras que los objetos tienen etiquetas. Muchos gobiernos del mundo usan etiquetas de objetos como confidencial, secreto y alto secreto.

Despeje

Esta es una determinación formal de la confiabilidad de un usuario cuando se le proporciona acceso a un nivel específico de información.

---

[2] Information Asset and Security Classification Procedure - University of Southern Queensland. (2019). Retrieved from https://policy.usq.edu.au/documents/13931PL

Aprobación de acceso formal

Esta es una aprobación documentada emitida por el propietario de los datos al sujeto, otorgándoles acceso a ciertos objetos.

Necesito saber

Esta es una situación general en la que un sistema informático determinado se basa en privilegios mínimos y los usuarios solo acceden a la información que necesitan conocer.

Información sensible / Seguridad de medios

Información confidencial: cada organización tiene información confidencial y se deben tomar medidas para garantizar que dicha información no se destruya, divulgue ni altere.

Manejo: debido a su importancia significativa, la información sensible debe tener políticas sobre cómo se maneja. Las personas que manejan esta información deben ser responsables, y aquí es donde las políticas son importantes.

Información confidencial: cada organización tiene información confidencial y se deben tomar medidas para garantizar que dicha información no se destruya, divulgue ni altere.

Manejo: debido a su importancia significativa, la información confidencial debe tener políticas sobre cómo se maneja. Las personas que manejan esta información deben ser responsables, y aquí es donde las políticas son importantes.

Retención: la retención de información sensible no debe persistir más allá de su período de requisito legal o útil (el que sea mayor). La retención más allá de estos períodos expone dicha información a amenazas de divulgación.

Propiedad

Los propietarios de negocios, datos y sistemas, así como los custodios y usuarios tienen varias responsabilidades en lo que respecta a la seguridad de la información.

Dueños de negocios o misiones

Estos propietarios garantizan que los activos de una organización estén debidamente protegidos.

Propietarios de datos

Son responsables de la frecuencia con la que se realiza una copia de seguridad de los datos y el etiquetado de los datos confidenciales. También realizan tareas de gestión.

Propietario del sistema

Este es un administrador encargado de mantener la seguridad de las computadoras reales que albergan datos.

Custodio

Proporcionan servicios tales como protección práctica de activos y restauración y respaldo de datos. Siguen las órdenes de los propietarios de datos y despliegan varias soluciones para cumplir con los objetivos establecidos para ellos.

Usuarios

Deben cumplir con las políticas, procedimientos y normas. Deben ser conscientes de las sanciones por el incumplimiento de dichas políticas.

Controladores de datos y procesadores de datos

Los controladores de datos realizan tareas como la creación y administración de datos dentro de una organización determinada. Mientras que los procesadores de datos participan en la gestión de datos en nombre de los controladores de datos.

Limitación de la recopilación de datos

Esto se discute en el Principio de Limitación de la Colección de la OCDE. Establece que "Deben establecerse límites en la recopilación de datos personales. Además, los datos se deben obtener de manera legal y, cuando corresponda, con el consentimiento del propietario".

Remanencia y Memoria

Remanencia de datos

Estos son los datos residuales después de que se hayan utilizado medios no invasivos para eliminarlos, especialmente las formas de almacenamiento magnético.

Memoria

Esta es la serie de interruptores de encendido / apagado que representan bits. La memoria puede estar basada en cinta, en chip o en disco. La memoria de la CPU tiene componentes RAM y ROM.

RAM y ROM: RAM es una forma volátil de memoria que contiene instrucciones de programas actualmente en ejecución. Es volátil porque una pérdida de potencia puede hacer que pierda integridad.

La ROM no es volátil y el BIOS de la computadora está almacenado en ella.

DRAM y SRAM: SRAM (memoria de acceso aleatorio estática) utiliza pequeños pestillos (flip flops) para almacenar bits de información. DRAM (memoria de acceso aleatorio dinámico) es una forma más barata y lenta de RAM. Almacena bits en pequeños condensadores que necesitan una actualización constante para mantener la integridad.

Firmware: el BIOS de una computadora o el sistema operativo de un enrutador se almacena en el firmware porque estos programas no cambian con frecuencia. El propio firmware se puede almacenar en varios tipos de ROM como PROM, EPROM y EEPROM.

La memoria programable de solo lectura (PROM) solo se puede escribir una vez a diferencia de la PROM borrable (EPROM) y la EEPROM que se pueden borrar y escribir varias veces.

Las EPROM, las EEPROM y la memoria flash son dispositivos lógicos programables (PLD) que se pueden programar después de salir de fábrica.

Memoria Flash: es un tipo único de EEPROM que generalmente se utiliza como dispositivo de almacenamiento, ya que puede ser escrito por grandes sectores.

Unidades de estado sólido (SSD): esta es una combinación EEPROM + DRAM. Tienen bloques lógicos que se asignan a bloques físicos, por lo tanto, la desmagnetización no tiene ningún efecto.

La recolección de basura es un proceso en segundo plano que identifica bloques de memoria que contienen datos innecesarios y procede a eliminar dichos bloques durante las horas de menor actividad.

El comando TRIM crea datos no válidos y los datos que deben ignorarse. Esto hace que la recolección de basura sea más eficiente. Es un atributo del Comando de Administración de Conjuntos de Datos ATA, y no destruye los datos de manera confiable.

ATA Secure Erase es un proceso mediante el cual los datos sin daños físicos en las SSD se eliminan de forma segura. Otro proceso que logra el mismo resultado es la destrucción.

Destrucción de Datos

La reutilización de objetos es la recuperación no autorizada de información de formas de medios utilizadas anteriormente. Se puede prevenir limpiando y destruyendo objetos de manera segura antes de desecharlos.

Sobrescribiendo

Este es el acto de escribir sobre cada carácter de un archivo o, en algunos casos, una unidad de disco. La sobrescritura es más segura que el formato de disco.

Desmagnetización

Esto implica la destrucción de la integridad de un medio magnético. Se realiza exponiendo dicho medio a un campo magnético fuerte.

Destrucción

Este es el proceso de dañar físicamente la integridad de un medio de comunicación.

Las medidas destructivas pueden ser trituración, incineración y pulverización. La destrucción también puede involucrar el baño de componentes metálicos en un agente corrosivo.

La destrucción es más segura que la sobreescritura.

Trituración

La destrucción es una forma de desinfección y destrucción de los medios que implica hacer que los datos de una copia impresa no puedan recuperarse.

Determinación de los Controles de Seguridad de Datos

Ser capaz de determinar los controles de seguridad de datos apropiados es una habilidad muy importante. Para elegir y personalizar los controles a emplear, se deben utilizar estándares, determinación del alcance y adaptación. Si los datos están en reposo o en movimiento también es un determinante clave.

Certificación y Acreditación.

Un sistema está certificado cuando cumple con los requisitos de seguridad del propietario de los datos. Cuando un propietario de datos acepta una certificación y un riesgo residual, se dice que la acreditación ha ocurrido.

Estándares y marcos de control

Varios estándares que ayudan a la determinación de control de seguridad están disponibles. Discutiremos algunas de estas normas a continuación.

PCI-DSS. Este es un estándar de seguridad propuesto por el Consejo de Normas de Seguridad de la Industria de Tarjetas de Pago. Su objetivo es proteger las tarjetas de crédito imponiendo precauciones de seguridad a los proveedores.

Los criterios comunes internacionales. Existe un Criterio Común Internacional que es el estándar acordado internacionalmente para la descripción y prueba de productos de seguridad de TI. Dentro de los criterios comunes, hay siete EAL que se basan en el nivel anterior.

ISO 17799 y la serie ISO 27000. Ellos (ISO) son una amplia base de técnicas y códigos utilizados en la práctica de seguridad de la información.

COBIT. Este es un marco de control que se enfoca en emplear las mejores prácticas en el gobierno de la seguridad de la información. Fue desarrollado por la ISACA (Asociación de Auditoría y Control de Sistemas de Información, ver http://www.isaca.org)

ITIL®. Esto también se conoce como la biblioteca de infraestructura de tecnología de la información. Como marco, proporciona los mejores servicios cuando se trata de la gestión de TI. Contiene cinco publicaciones sobre Prácticas de administración de servicios: Orientación básica disponible en: http://www.itil-officialsite.com:Service Strategy

- Diseño del servicio, que detalla la infraestructura requerida para los servicios de TI.

- Transición del servicio, que describe nuevos proyectos y los hace operativos.

- Operación de servicio, que cubre los controles de operaciones de TI

- Mejora continua del servicio, describe formas de mejorar los servicios de TI existentes

Alcance y Sastrería

La determinación del alcance es el proceso mediante el cual se determinan los segmentos del estándar de una organización.

La adaptación es el proceso mediante el cual un estándar se ajusta para satisfacer las necesidades de una organización.

Protección de datos en movimiento y datos en reposo.

Se dice que los datos están en movimiento cuando se transfieren a través de una red. Los datos están en reposo cuando se almacenan y residen en un disco o dentro de un archivo.

Encriptación de unidades y cintas. Este control se utiliza en la protección de datos después de que se haya producido una violación de seguridad física. Protegen los datos cuando está en reposo.

Almacenamiento y transporte de medios. Es importante que los datos confidenciales estén respaldados y almacenados fuera del sitio. Los sitios que se utilizarán para almacenarlos deben ser seguros y deben seguir procedimientos estrictos para el manejo de datos. Es mejor si una compañía asegurada se utiliza para el transporte externo y el almacenamiento de datos confidenciales.

Protección de datos en movimiento. Esta forma de datos está mejor protegida mediante el cifrado de extremo a extremo basado en estándares, como IPSec VPN. Las VPN también se pueden usar como una medida de defensa en profundidad, especialmente para WAN corporativas privadas.

Capítulo 3

Ingeniería de Seguridad

En este dominio, analizaremos la arquitectura de seguridad (modelos de seguridad, software seguro, componentes), criptografía y seguridad física.

Modelos de seguridad

Estos proporcionan reglas que gobiernan la seguridad de su sistema operativo. Un buen ejemplo de esto es Bell LaPadula que incluye "no read up" (NRU). Esta regla también se conoce como Propiedad de seguridad simple, y restringe el acceso de un sujeto de alto secreto a un sujeto que no está autorizado.

Leyendo y escribiendo

Leer hacia abajo es una situación en la que un sujeto lee un objeto de menor sensibilidad. Redactar es una situación en la que la información pasa de un sujeto autorizado a un objeto de mayor sensibilidad.

Campana - Modelo LaPadula

Esto se centra en mantener la confidencialidad de los objetos. Fue desarrollado originalmente por el Departamento de Defensa de los Estados Unidos.

Controles de acceso basados en celosía

Estos son muy útiles como controles de seguridad en un entorno complejo. Hay límites de acceso superior e inferior bien definidos para cada relación de sujeto y objeto.

Modelo de integridad

Si bien ciertos modelos se concentran en la confidencialidad en lugar de la integridad, este problema se resuelve con modelos de integridad como Biba.

[3]**Modelo Biba.** Asegurar la integridad de la información está protegida es una prioridad importante para la mayoría de las empresas. Biba es el modelo recomendado cuando se trata de protección de integridad, especialmente para información basada en el tiempo y la ubicación.

Clark Wilson. Este modelo de integridad del mundo real garantiza que la integridad está protegida al limitar la capacidad del sujeto. Para ello, requiere que el sujeto acceda al objeto a través de programas.

Modelo de pared chino

También conocido como Brewer-Nash, está diseñado para evitar conflictos de intereses. Hace esto al prohibir que una persona acceda a múltiples categorías de conflictos de interés.

Matriz de control de acceso

Esta es una tabla que define el permiso de acceso entre un objeto específico y un sujeto. Los roles se aplican a la capacidad del sujeto, mientras que la columna se aplica a la capacidad del objeto.

---

[3] Conrad, E., Misenar, S., & Feldman, J. (2017). Domain 1. *Eleventh Hour CISSP®*, 1-32. doi: 10.1016/b978-0-12-811248-9.00001-2

Conceptos de Diseño de Sistemas Seguros

Este concepto de diseño es la mejor práctica universal y es de mayor importancia que la implementación específica de hardware y software.

Capas

Esto separa la funcionalidad de hardware y software en niveles modulares. Y como tal cambio en una capa no afecta directamente a la otra.

Abstracción

Esto oculta información no importante del usuario. Según Bruce Schneier, "la complejidad es un enemigo de la seguridad", es decir, los procesos más complejos tienen menos seguridad.

Dominios de seguridad

Esta es una lista de objetos a los que un sujeto puede acceder. Se definen más ampliamente como un grupo de sujetos y objetos que tienen requisitos de seguridad similares.

Sistemas abiertos y cerrados

Un sistema abierto hace uso del hardware abierto disponible por una variedad de proveedores. Un sistema cerrado hace uso de software y hardware propio.

Arquitectura de hardware segura

Aquí, la atención se centra en el hardware físico necesario para que un sistema sea seguro[4]

---

[4]   https://docslide.us/education/syed-ubaid-ali-jafri-cissp-exam-guide-by-eric-conradseth-misenar.html

El CPU

Este es el cerebro de la computadora, capaz de realizar cálculos complejos y matemáticos. El número de ciclos de reloj por segundo se utiliza para evaluar la velocidad de una CPU.

Unidad de lógica aritmética y unidad de control. La ALU es la parte de la CPU que realiza cálculos matemáticos mientras que la unidad de control alimenta a la ALU con instrucciones.

Busca y ejecuta. Este proceso de CPU se lleva a cabo en cuatro pasos:

- Buscar Instrucción

- Decodificar instrucción

- Ejecutar instrucción

- Escribir Resultados

Los cuatro pasos se completan dentro de un ciclo de reloj.

Conducción. Este proceso combina varios pasos de la CPU en un solo proceso y esto permite la ejecución simultánea de ciclos FDX para diferentes instrucciones. La canalización hace que un sistema sea más eficiente porque, en lugar de tener que esperar a la CPU durante un ciclo completo antes de iniciar otra instrucción, la CPU puede trabajar con diferentes instrucciones en diferentes etapas de finalización. La canalización como un proceso aumenta el rendimiento de la CPU.

Interrupciones. Las interrupciones que ocurren en la CPU son interrupciones de hardware y pueden hacer que una CPU detenga el procesamiento de una tarea actual o que guarde e inicie una nueva solicitud de procesamiento, después de lo cual se reanuda la tarea anterior.

Multiprocesamiento y multitarea. El multiprocesamiento, por otro lado, es una situación en la que múltiples procesos se ejecutan en múltiples CPU. La multitarea es el proceso mediante el cual se ejecutan varias tareas simultáneamente en una sola CPU. El multiprocesamiento puede ser multiprocesamiento simétrico (SMP) donde un sistema operativo administra todas las CPU o el multiprocesamiento asimétrico (AMP), que tiene una CPU para un sistema operativo.

Protección de la memoria

Este es el requisito para los sistemas multitarea seguros ya que impide que un proceso particular modifique la seguridad de la información de otros procesos dentro del sistema.

Segmentación de hardware. Esto actúa como una forma avanzada de aislamiento de procesos mediante la asignación de procesos a ubicaciones específicas.

Memoria virtual. Esto facilita la multitarea, el intercambio y otros procesos múltiples al proporcionar un mapeo de direcciones virtuales entre la memoria de hardware y las aplicaciones.

Intercambio y paginación. El intercambio es el proceso mediante el cual la memoria virtual se utiliza para copiar los contenidos de la memoria primaria a la memoria secundaria.

Basic Input Output System. Cuando la PC está encendida, el sistema básico de entrada / salida (BIO) ejecuta el código contenido en su firmware. Ejecuta automáticamente una autoprueba para verificar la integridad de BIO.

Almacenamiento de gusanos. Escribe una vez, lee muchos (WORM). Tal como lo sugiere su nombre, se utiliza principalmente para garantizar la integridad.

Módulo de plataforma confiable (TPM)

Este es un procesador que proporciona seguridad adicional al hardware y garantiza la integridad del arranque.

El chip TPM está asociado con la implementación de cifrado de disco completo y las operaciones criptográficas basadas en hardware

Prevención de ejecución de datos (DEP) y asignación aleatoria del diseño del espacio de direcciones (ASLR)

Estos protegen contra ataques que explotan vulnerabilidades de software para obtener la capacidad de ejecución de código. DEP evita la ejecución de código y ASLR dificulta la explotación.[5]

Virtualización y Computación Distribuida.

Estos han traído cambios al por mayor a las aplicaciones, servicios, datos del sistema y centros de datos.

Virtualización

Este es un proceso mediante el cual se coloca una capa de software y permite que más de un sistema operativo se ejecute en un equipo host físico simultáneamente.

---

[5] Marco, H., Ripoll, I., de Andrés, D., & Ruiz, J. (2014). Security through Emulation-Based Processor Diversification. *Emerging Trends In ICT Security*, 335-357. doi: 10.1016/b978-0-12-411474-6.00021-9

Hipervisor. Esto controla el acceso entre los invitados virtuales y el hardware del host. Un hipervisor puede ser Tipo 1 y Tipo 2. Un hipervisor Tipo 1 también se llama simple y forma parte del sistema operativo que se ejecuta en el hardware del host. El tipo 2 funciona como una aplicación en un sistema operativo.

Problemas de seguridad en la virtualización. La complejidad del software de virtualización lo hace vulnerable. La vulnerabilidad proviene de varios invitados que se combinan en un solo host. Es recomendable que los invitados combinados tengan los mismos requisitos de seguridad. Una situación en la que un atacante explota el sistema operativo host de otro huésped se llama VMEscape.

Computación en la nube

El propósito de la computación en la nube es permitir que los grandes proveedores aprovechen las economías de escala para proporcionar recursos informáticos a otras compañías a cambio de tarifas. La computación en la nube generalmente implica externalizar la infraestructura de TI, el almacenamiento y las aplicaciones a un tercero.

Los tres niveles comúnmente disponibles del servicio de proveedor en la nube son Infraestructura como servicio (IaaS) que proporciona solo un sistema virtualizado, Plataforma como servicio (PaaS) que solo proporciona un sistema operativo preconfigurado y Software como servicio (SaaS) que es Completamente configurado, desde el SO hasta las aplicaciones.

Una sola organización, así como gobiernos enteros, hacen uso de la nube porque reduce los gastos de capital iniciales, proporciona niveles de servicio sólidos, reduce los costos de mantenimiento y conduce a ahorros de costos significativos.

Las redes de computación en la nube son vulnerables porque el compromiso de un solo usuario puede afectar a otros. Es importante negociar el derecho a realizar evaluaciones de vulnerabilidad y pruebas de penetración importantes, así como el derecho a auditar antes de firmar un contrato con un proveedor de computación en la nube.

Computadora Grid

La computación en cuadrícula es un proceso en el que las ideas de computación se comparten para obtener más resultados computacionales por parte de personas con diferentes tipos de conocimiento. En lugar de las necesidades computacionales de alto rendimiento como las supercomputadoras, la computación grid quiere controlar los recursos computacionales con diferentes dispositivos.

Sistemas de datos paralelos a gran escala

El objetivo de los sistemas paralelos a gran escala es aumentar el rendimiento utilizando economías de escala. Sus preocupaciones de seguridad son mantener los datos almacenados durante el trabajo.

Clientes delgados

Son dependientes del servidor central, para el servicio y almacenamiento de datos. Centraliza las aplicaciones junto con sus datos, seguridad, costo de actualización, parches, almacenamiento de datos y más. Depende del software o hardware.

Redes de igual a igual

Las redes de igual a igual (P2P) afectan el modelo de computadora del servidor. Los sistemas pueden funcionar como cliente o servidor si se proporcionan los datos necesarios. Además, las redes descentralizadas de igual a igual son confiables, ya que no se puede poner fuera de línea a los servidores centrales.

Vulnerabilidades del sistema, amenazas y contramedidas

Canales encubiertos

Esta es cualquier comunicación que comprometa la política de seguridad. Por ejemplo, el canal de comunicación de malware instalado en un sistema ve información de identificación personal (PII) y la envía a un servidor dañino.

Puertas traseras

Una puerta trasera es un acceso directo en un sistema que se usa para eludir la verificación de seguridad para iniciar sesión. Los atacantes instalan una puerta trasera después de violar un sistema. Los programadores y diseñadores de sistemas instalan accesos directos en los ganchos de mantenimiento, que es un tipo de puerta trasera para eludir la autenticación.

Código Malicioso

Esto también se conoce como malware. Es el nombre general del software que ataca aplicaciones como virus, bombas lógicas y troyanos, que pueden dañar un sistema si se ven afectados, por ejemplo, ataques de día cero.[6]

---

[6] Kabay, M. (2006). Introduction to Computer Crime. Recuperado de http://www.mekabay.com/overviews/crime.pdf

Virus informáticos. Este es un código de malware que no se puede usar para propagar un virus sin un host (un archivo) y un operador de un sistema a otro.

Gusanos. Los gusanos son malware que propaga un virus de forma independiente. Causan daños de dos maneras: mediante códigos maliciosos y fallas en la red.

Troyanos. También llamadas funciones de malware de caballo de Troya de dos maneras: una es leve, es decir, un juego, mientras que la otra es maliciosa. Este término se deriva de "La Eneida", el poema de Virgilio.

Rootkits. Estos son malwares que cambian algunos aspectos del sistema operativo. Los rootkits de modo de usuario funcionan en la mayoría de los sistemas haciendo uso de ring-3, reemplazando algunas partes del sistema operativo en "usuario" mientras que los rootkits de modo kernel reemplazan partes del sistema operativo, pero operan en ring-0.

Empacadores. Los empacadores ayudan a comprimir el tiempo de ejecución de los ejecutables. El ejecutable inicial se reduce y se adjunta un pequeño descompresor. Cuando se ejecuta, el descompresor elimina la máquina ejecutable comprimida antes de ejecutarlo.

Bombas lógicas. Este es un programa dañino que reacciona cuando se alcanza una condición lógica, como después de que se hayan procesado algunas transacciones (también llamadas bomba de tiempo). Los programas maliciosos, como los gusanos, contienen bombas lógicas que actúan de cierta manera y que cambian las técnicas en otra fecha y hora.

Ataques del lado del cliente

Esto resulta de descargar contenido dañino. Aquí la ejecución de los datos se invierte en comparación con los ataques del lado del servidor: el ataque del lado del cliente comienza desde la víctima que descarga las cosas desde el atacante.

Ataques del lado del servidor

Los ataques del lado del servidor se lanzan desde un atacante al servicio de escucha; Los parches, el endurecimiento del sistema y los firewalls son formas de defensa en profundidad que mitigan los ataques del servidor.

Arquitectura Web y Ataques

El anterior World Wide Web era más sencillo. La mayoría de las páginas web eran estáticas, creadas en HTML (lenguaje de marcado de hipertexto). La llegada de la "Web 2.0", con contenido poderoso, multimedia y datos creados por el usuario, se ha agregado a la superficie de ataque de la Web, lo que le da más vectores de ataque.

Applets. Estas son piezas de software móvil incrustado como navegadores web. Proporciona características que no pueden ser proporcionadas por HTML.

Está escrito en varios lenguajes de programación; Sus dos lenguajes eminentes son Java y ActiveX. La palabra "applet" se usa para Java, mientras que "control" se usa para ActiveX, con las mismas funciones.

Java. Este es un lenguaje orientado a objetos utilizado para el lenguaje de programación popular. El código de bytes independiente de la plataforma Java se interpreta mediante la Máquina virtual Java (JVM).

JVM para crear sistemas operativos como Linux, FreeBSD y Microsoft Windows.

Los applets de Java se ejecutan en un sandbox, que divide el código del sistema operativo.

ActiveX. Los controles ActiveX funcionan de manera similar a los applets de Java. Utilizan certificados digitales distintos de sandbox para proporcionar seguridad. ActiveX, una tecnología de Microsoft, funciona solo en los sistemas operativos Microsoft Windows, a diferencia de Java.

El Proyecto de seguridad de aplicaciones web abiertas (OWASP, consulte: http://www.owasp.org).

Estos recursos de seguridad de aplicaciones proporcionan una excelente manera de mejorar las condiciones de seguridad. Su proyecto más famoso es el proyecto Top 10 de OWASP, que proporciona una guía de consenso considerada como las 10 aplicaciones de seguridad más útiles. Está disponible en https://www.owasp.org/index.php/category/:OWASP_top_ten_project.

Lenguaje de marcado extensible. Este es un lenguaje de marcado diseñado para codificar documentos y datos, que es como HTML, pero de naturaleza más universal. Se puede utilizar en la web, para almacenar la configuración de la aplicación y los resultados de las herramientas de auditoría, etc.

Arquitectura Orientada a Servicios (SOA). Este servicio puede ser utilizado por dos o más organizaciones en lugar de una aplicación individual que necesita la funcionalidad ofrecida por el servicio. Incluye otros ejemplos comunes dados a la notación de objetos de

46

JavaScript (JSON) utilizados como estructura básica de servicios web. SOAP (Simple Object Access Protocol) o REST (Representational State Transfer) proporciona conectividad, mientras que el WSDL (Web Services Description Language) proporciona detalles sobre cómo invocar los servicios web.

Seguridad de la base de datos

Una base de datos presenta diferentes retos de seguridad. La gran cantidad de datos almacenados en una base de datos requiere una consideración de seguridad especial. Los usuarios utilizan medidas colectivas para frenar los ataques a través de las precauciones de seguridad de la base de datos.

Polyinstantiation. Esto hace posible que dos objetos diferentes compartan el mismo nombre.

Minería de datos. Este es el proceso de clasificación de millones de datos para descubrir patrones y crear relaciones para abordar problemas mediante el análisis de datos. Por ejemplo, los emisores de tarjetas de crédito han confiado en la extracción de datos para buscar toneladas de transacciones almacenadas en sus bases de datos para descubrir actividades sospechosas y fraudulentas de tarjetas de crédito.

Inferencia y agregación. Esto sucede si un usuario utiliza un acceso de nivel inferior para obtener conocimiento de información restringida.

Ataques de dispositivos móviles

El último desafío de seguridad ahora está en el ataque móvil, desde computadoras portátiles hasta unidades flash infectadas con malware debido a la falta de seguridad. La protección tradicional basada en la red es impotente para prevenir el ataque inicial.

Criptografía

Esta es una escritura secreta utilizada para asegurar la información enviada a alguien. Sólo el individuo que conoce la clave puede descifrarla. Los terceros deben permanecer ajenos a dicha información.

Terminologías clave

La criptología ayuda a asegurar la comunicación, mientras que la criptografía oculta el contenido de los mensajes; El criptoanálisis es el arte de abrir la información cifrada para comprender su significado. Un texto simple es cuando un mensaje no está encriptado, Cipher es un algoritmo criptográfico, mientras que Decryption convierte el texto cifrado nuevamente en texto plano, y Encryption convierte el texto plano en texto cifrado.

Confidencialidad, integridad, autenticación y no rechazo

La criptografía trabaja para garantizar la confidencialidad y la integridad; no proporciona directamente la disponibilidad. También puede proporcionar autenticación, lo que demuestra una reclamación de identidad.

Permutación, sustitución, difusión y confusión.

Para la permutación, que también se denomina transposición, proporciona difusión al reorganizar los caracteres del texto sin formato, mientras que la sustitución causa confusión al reemplazar los caracteres.

La difusión implica que el orden del texto en claro debe estar disperso en el texto cifrado, y la confusión indica que el vínculo entre el texto en claro y el texto cifrado debe hacerse aleatorio.

Cifrado polialfabéticos y monoalfabéticos

Un cifrado polialfabético se ocupa de varios alfabetos que sustituyen a un alfabeto específico. Por ejemplo, X sustituye a E en la primera ronda, luego sustituye a Z en la siguiente ronda. Mientras que el cifrado monoalfabético utiliza un alfabeto para sustituirlo por otro.

Exclusivo OR (XOR)

Esta es la hélice detrás del cifrado de hoy. Unir una clave y un texto simple usando XOR ayuda a crear un texto cifrado. XOR utilizando la misma clave con el texto cifrado ayuda a crear el texto plano original. Resolver los XOR math es fácil y rápido, tanto que se pueden usar los interruptores de relé del teléfono para hacerlo.

Dos bits son verdaderos (o 1) si uno u otro es 1 (pero nunca ambos). es decir, cuando dos bits son iguales, la respuesta es 0 (falsa); si son diferentes, la respuesta es 1 (verdadera) [7]

Datos en movimiento y datos en reposo

Aquí, la criptografía ayuda a proteger a ambos.

El cifrado de disco completo de una unidad de disco magnético o el cifrado de disco completo utiliza software como PGP o BitLocker. Mientras que Whole Disk Encryption es una forma de cifrar datos en reposo, SSL o IPsec VPN son ejemplos de cifrado de datos en movimiento.

---

[7] The XOR Cipher - HackThis!!. (2019). Recuperado de https://www.hackthis.co.uk/articles/the-xor-cipher

Protocolo de Gobierno

Esto describe los pasos tomados en la selección de la mejor técnica e implementación para el trabajo correcto, básicamente en una escala de toda la organización. Por ejemplo, los cifrados simétricos se utilizan principalmente para la confidencialidad, y AES se prefiere al DES debido a su solidez y rendimiento, mientras que una firma digital ayuda con la autenticación y la integridad, pero no con la confidencialidad.

Tipos de Criptografía

Cifrado Simétrico

Esto utiliza la misma clave para descifrar y cifrar archivos. Cuando descifra y encripta archivos zip con una sola clave, se dice que está utilizando un cifrado simétrico. El cifrado simétrico también se conoce como cifrado de "clave secreta".

Cifras de flujo y bloque. En el modo de flujo, cada bit se cifra de forma independiente en un "flujo", mientras que los bloques de datos cifrados se cifran en cada ronda en el modo de bloque

Vectores de inicialización y encadenamiento. La mayoría de los cifrados simétricos utilizan un vector de inicialización para cifrar el bloque de datos y garantizar que sea aleatorio.

En el encadenamiento, el bloque cifrado anterior se siembra en el siguiente bloque para el cifrado, afectando negativamente los patrones resultantes en el texto cifrado.

DES. DES significa estándar de cifrado de datos. Detalla la DEA, que es el algoritmo de cifrado de datos. IBM diseñó un DES basado en su antiguo cifrado simétrico de Lucifer, que utiliza una clave de 56 bits y un tamaño de bloque de 64 bits (es decir, cifra 64 bits en cada ronda).[8]

RC5 y RC6. RC5 utiliza bloques de 128 bits, 64 bits (para reemplazar DES) o 32 bits (para propósitos de prueba). Las claves varían en tamaño desde cero hasta 2040 bits.

RC6 se basa en el marco RC5 y se modifica para cumplir los requisitos de AES. Además, tiene más fuerza que RC5. Encripta bloques de 128 bits haciendo uso de claves de 192, o 128, 256 bits.

Twofish y Blowfish. El creador de la criptografía aplicada, Bruce Schneider, creó los dos sistemas de cifrado simétricos, de dos peces y bloques.

Twofish es un finalista de AES, que utiliza claves de 128 bits a 256 bits para cifrar bloques de 128 bits, mientras que Blowfish pasa de claves de 32 a 448 bits para cifrar 64 bits de datos. Ambos son algoritmos abiertos; es decir, están disponibles gratuitamente.

Encriptación asimétrica. Esto hace uso de dos claves diferentes para descifrar y cifrar archivos. La clave pública también se conoce como cifrado asimétrico. Para que dos personas intercambien comunicaciones, el receptor debe descargar la clave pública publicada del remitente, lo que les ayudará a cifrar el texto sin formato.

Métodos asimétricos. Las matemáticas se basan en el progreso asimétrico. En estos métodos, se utilizan funciones directas, más

---

[8] Common Cryptographic Algorithms. (2019). Recuperado de http://web.deu.edu.tr/doc/oreily/networking/puis/ch06_04.htm

fáciles de calcular en una dirección pero no fáciles de calcular en la otra dirección.

Logaritmo discreto. El logaritmo es la forma contraria de exponenciación. Calcular la potencia de 7 a 13 (exponenciación) es fácil con la calculadora de hoy: 96,889,010,407. Hacer la pregunta "96,889,010,407 es 7 a qué potencia", lo que significa que el logaritmo es más difícil. Los logaritmos discretos aplican logaritmos a los grupos, es un problema más difícil de resolver.

Factorizar Números Primos. Una forma de aplicar la función directa es factorizar números compuestos en sus números primos. Cuando multiplicas dos números primos, 6,269 por 7,883, la respuesta que se muestra en el valor compuesto es 49,418,527..[9]

Este cálculo se denomina factorización y ha sido la única forma existente durante muchos años.

Protocolo de acuerdo clave de Diffie-Hellman. El acuerdo clave otorga a dos partes la seguridad de acordar una clave simétrica a través de un canal público, como Internet. Un intruso capaz de oler toda la conversación no puede derivar la clave intercambiada. Martin Hellman y Whitfield Diffie crearon la clave Diffie-Hellman o el protocolo de acuerdo de clave de intercambio en 1976.

Criptografía de curva elíptica. ECC manipula una función directa que usa logaritmos separados como se hace con las curvas elípticas. Esto es más difícil de resolver que resolver logaritmos discretos, lo que significa que los algoritmos centrados en la criptografía de curva

---

[9] Downnard, I. (2002). Public-key cryptography extensions into Kerberos. IEEE Potentials, 21(5), 30-34. doi: 10.1109/mp.2002.1166623

elíptica (ECC) son más rígidos por bit que los sistemas que usan logaritmos discretos.

Compensaciones simétricas y asimétricas. Este cifrado asimétrico es mucho más débil y lento por bit de longitud de clave que el cifrado simétrico. El objetivo del cifrado asimétrico es comunicarse de forma segura sin necesidad de compartir previamente una clave.

Funciones hash

Esta función permite el cifrado mediante el uso de algoritmo sin una clave. El cifrado no se puede revertir, por lo tanto, se conocen como funciones unidireccionales (hash).

MD5. El algoritmo 5 de Message-Digest es uno de los algoritmos hash más utilizados en la clase MD. Crea un valor de hash de 128 bits en cualquier longitud de entrada. El MD5 ha sido ampliamente conocido a lo largo de los años, pero existen varios problemas asociados con este tipo de colisiones en un determinado período de tiempo.

Colisiones. Aquí, ningún hash es único, ya que el número de hash específico es menor que el número de plaintexts posibles.

Secure Hash Algorithm (SHA). Esto es lo que se llama una serie de algoritmos hash. SHA-1 crea el valor hash de 160 bits. SHA-2 incluye SHA-512, -384, -256 y -224; se nombran de acuerdo con la longitud del resumen del mensaje que crea cada uno.

Ataques Criptográficos

Los analistas criptográficos utilizan ataques criptográficos para obtener el texto simple sin utilizar una clave.

Fuerza bruta

En este tipo de ataque, se genera todo el espacio de claves posible, pero el texto sin formato se recuperará si se le da suficiente tiempo.

Ingeniería social

Esto usa la mente para eludir los controles de seguridad; puede recuperar una llave engañando al titular para que la revele. Las técnicas son variadas; uno es hacerse pasar por un usuario autorizado.

Texto sin formato conocido

Este ataque recupera y analiza un par de texto cifrado y texto plano coincidente; Su objetivo es conseguir la clave utilizada. La razón por la que se necesita la clave incluso cuando tiene el texto sin formato es porque otros cifrados que se cifran con la misma clave se pueden descifrar con la clave.

Adaptive Chosen Ciphertext y Chosen Ciphertext

Este texto cifrado elegido y el texto plano atacan un espejo. Aquí, el criptoanalista selecciona el texto cifrado para ser descifrado por sí mismo. Este texto cifrado se inicia luego contra sistemas criptográficos que son asimétricos, y el criptoanalista elige qué documentos públicos descifrar con la clave del usuario.

Sin embargo, el texto cifrado elegido adaptativo refleja a su primo de texto simple al comenzar con un ataque de texto cifrado definido en la primera ronda, y continuar basándose en la fase anterior.

Adaptive Chosen Plaintext y Chosen Plaintext

Este criptoanalista elige un texto sin formato para cifrarlo en un ataque particular para obtener la clave. El cifrado se realiza sin el conocimiento de la clave a través de un oráculo de cifrado.

El texto sin formato elegido por adaptación comienza con un ataque de texto sin formato preferido en la fase inicial. Posteriormente, el criptoanalista se "adapta" y continúa el cifrado utilizando la ronda anterior.

Llave conocida

Este término es confuso porque el ataque se realiza una vez que el criptoanalista identifica su clave. Es decir, el criptoanalista entiende un poco de la clave y la utiliza para reducir el ataque hacia la clave.

Criptoanálisis diferencial

Esto intenta ubicar la relación entre los puntos de vista encriptados que están relacionados y la que puede ser ligeramente diferente. Este ataque se lanza inicialmente como ataque de texto plano adaptativo elegido.

Criptoanálisis lineal

Este ataque de texto simple es uno popular en el que se utiliza la misma clave para crear una fuente de cryptanalyst para una gran cantidad de pares de texto simple o cifrado. Además, cada par se estudia conscientemente para obtener información sobre la clave que se utilizó para crearlos. El término análisis lineal diferencial se usa cuando se combinan análisis lineal y diferencial.

Ataques de canal lateral

Estos ataques hacen uso de los datos físicos al abrir el sistema de cifrado, y el consumo de energía o la supervisión de los ciclos de CPU utilizados al descifrar o cifrar.

Implementando Criptografía

La criptografía basada en hash, asimétrica y simétrica no existe sola; en su lugar, tienen aplicaciones genuinas que se mezclan entre sí y pueden proporcionar integridad, confidencialidad, no repudio y autenticación.

Firmas digitales

Se utilizan en la firma de documentos criptográficos. Primero proporcionan el no rechazo, luego autentican la identidad del firmante y la integridad de la prueba del documento, lo que significa que, en el futuro, no se puede negar que el documento haya sido firmado por el remitente.

Infraestructura de clave pública (PKI)

Esto influye en todos los tipos de cifrado conocidos que ayudan en la gestión de certificados digitales. Este certificado es la clave pública asignada junto con la firma digital. Podría ser basado en el cliente o en el servidor.[10]

Autoridades de certificación y autoridades de registro organizacional. Las CAs (Autoridades de Certificación) emiten certificados digitales. Si bien la identidad del titular de un certificado está autenticada por las Autoridades de Registro Organizacional (ORA) antes de emitirlas, una organización puede operar como una CA o una ORA (o ambas).

---

[10] Syed Ubaid Ali jafri - CISSP Exam Guide by Eric Conrad,Seth Misenar. (2019). Retrieved from http://docslide.us/education/syed-ubaid-ali-jafri-cissp-exam-guide-by-eric-conradseth-misenar.html

Listas de revocación de certificados: las CA las mantienen. La CRL es una lista de certificados revocados. Si un empleado es despedido o si una clave privada desaparece, entonces se revoca un certificado. El Protocolo de estado de certificado en línea (OCSP) se intercambia con una CRL que se escala mejor.

Cuestiones clave de gestión. Las AC distribuyen certificados digitales a los titulares. Durante la distribución, se debe garantizar la integridad y confidencialidad de la clave privada del titular. Los pares de claves públicas / privadas que se usan en PKI se almacenan de manera central y segura para no perder sus contraseñas. Habrá problemas en el criptoanálisis cuando se pierda una clave privada, lo que también podría llevar a la pérdida de todos los archivos cifrados con la clave pública correspondiente.

SSL y TLS

La Seguridad de la capa de transporte (TLS) es la sucesora de SSL y ambas se utilizan como parte del Protocolo de transferencia de hipertexto seguro (HTTPS).

SSL como navegador web fue desarrollado para Netscape en la década de 1990.

IPsec

Este protocolo de seguridad de Internet (IPsec) proporciona tanto IPv4 como IPv6 con capa criptográfica. Estas técnicas se utilizan para proporcionar redes privadas virtuales (VPN) y para enviar datos privados a través de redes inseguras; Aquí, los datos pasan a través de la red pública de una manera "prácticamente privada". Los dos protocolos principales proporcionados por IPsec son el encabezado de autenticación (AH) y la carga de seguridad de encapsulación (ESP).

57

AH y ESP. Esto, el encabezado de autenticación (AH), ayuda con la integridad y la autenticación de varios paquetes de datos de red. No garantiza la confidencialidad y sirve como una firma digital para la información. Protege contra ataques, en un lugar donde los datos se ven obstaculizados desde la red para reutilizar las credenciales de autenticación cifradas de manera fraudulenta. ESP en sí mismo principalmente ayuda a la confidencialidad cifrando datos de paquetes.

Asociación de Seguridad e ISAKMP. Cuando la comunicación se intercambia entre dos sistemas a través de ESP, significa que utilizan dos SA, ambos para diferentes rutas. Cuando los sistemas aprovechan AH, junto con ESP, se utilizan dos o más SA. El ISAKMP (Internet Security Association y Key Management Protocol) gestiona el proceso de creación de SA.

Modo túnel y transporte. Aquí es donde se utiliza IPsec. Las puertas de enlace de seguridad aplican el modo de túnel para garantizar los túneles punto a punto para V.

Defensas perimetrales (IKE). Esto determina qué algoritmo se seleccionará de entre los muchos algoritmos de cifrado utilizados por IPsec, incluidos el Triple DES o AES para la confidencialidad, y MD5 o SHA-1 para la integridad.

Muy buena privacidad (PGP)

Esto fue creado por Phil Zimmerman en 1991 y trajo encriptación asimétrica a los usuarios. PGP proporciona la suite de criptografía de hoy con la idea de integridad, no rechazo, confidencialidad y autenticación.

S / MIME

MIME (Extensiones de correo de Internet de usos múltiples) es una forma fácil (o incluso la más sencilla) de formatear un correo electrónico con caracteres y conjuntos, junto con los archivos adjuntos. MIME protegido ayuda a PKI a cifrar y autenticar un correo electrónico codificado MIME. La puerta de enlace S / MIME, que es el servidor de correo electrónico del cliente, realiza el cifrado.

Cifrado en custodia

Esto es cuando una organización diferente tiene acceso a una copia de una clave pública / privada. Que a menudo se divide en partes, cada una depositada por un tercero antes de su publicación.

Defensas perimetrales

Esto ayuda a detectar y controlar el acceso físico no autorizado. Las redes se utilizan en edificios para defensas minuciosas. Las personas deben esforzarse por aplicar controles de seguridad física a los activos críticos utilizando puertas, paredes y cerraduras.

Vallas

Las cercas pueden ir desde cercas de 3 pies / 1 m de altura hasta 2,4 m (8 pies) de alto, que están principalmente cableadas con alambre de púas en su parte superior. Además, las cercas deben diseñarse para controlar la entrada y salida del personal, como puertas y puertas exteriores.

Puertas

Estos van desde varias clases. Desde la puerta de primera clase específicamente diseñada contra los atacantes, hasta la puerta de la cuarta clase, que consiste en evitar que los automóviles pasen por entradas sin control.

Luces

Estas incluyen luces para el control de detectives y disuasivos, que se usan para ver a los intrusos. Un tipo de luz incluye la Luz de Fresnel, que lleva el nombre de Augustine-Jean Fresnel.

Los términos de medición de luz incluyen lumen, que es la cantidad de luz que crea una vela.

Cabellos

Estos son componentes de control de seguridad hechos para esfuerzos preventivos. Se usa en puertas y ventanas para evitar que los intrusos obtengan acceso físico a un edificio. Podría ser mecánico, como cerraduras de combinación o cerraduras electrónicas, que se utilizan la mayoría de las veces con tarjetas de banda magnética o tarjetas inteligentes.

Cerraduras de combinación. Estos tienen diales que deben girarse en un orden particular para desbloquear. Algunos tienen botones que también hacen uso de combinaciones numéricas.

Tailgating / Piggybacking

Esta es una situación en la que una persona no autorizada sigue a una persona autorizada dentro de un edificio después de que la persona autorizada haya abierto la puerta.

Detectores de movimiento y otras alarmas perimetrales

En casos de seguridad, se sabe que tanto los detectores de movimiento ultrasónicos como los de microondas funcionan bien. Por ejemplo, el radar Doppler se usa para predecir el clima. Aquí, hay un eco cuando golpea un objeto y rebota. Además, después de la emisión de una onda de energía, el eco retrocede muy rápido si un objeto refleja la onda.

Un haz de luz se envía a un sensor fotoeléctrico por un sensor de movimiento fotoeléctrico sobre el espacio que se está supervisando. Cuando el haz de luz se rompe, este mismo sensor se alerta.

Cheques de contrabando

Estos se utilizan para identificar objetos prohibidos que pasan por un área segura. A menudo detectan armas, metales o explosivos.

Puertas y ventanas

Trate de comprender las debilidades y fortalezas de las ventanas, puertas, pisos, paredes y techos para evitar el acceso de los atacantes. Las salidas deben ser libres ante la posibilidad de una emergencia, y los detectores de movimiento o empuje de una puerta simples deben permitir la salida fácil. Las puertas de emergencia que conducen al exterior deben ser la mejor ruta marcada para emergencias.

Guardias

Estos son agentes de control de gran alcance en muchas situaciones. Pueden inspeccionar y acceder a las credenciales, actuar como elemento disuasorio general y monitorear cámaras de CCTV y controles ambientales.

Perros

Proporcionan tareas de defensa en los hogares, más comúnmente en áreas fuera y cerca de cercas.

Selección, Diseño y Configuración del Sitio

La selección, el diseño y la configuración están involucrados en el proceso de construcción de una instalación bien equipada, como un centro de datos, desde el proceso de selección del sitio hasta el diseño final.

[11]Problemas de selección del sitio

La selección de sitios es el proceso greenfield de seleccionar un sitio para construir un centro de datos. Un greenfield es una parcela de tierra aún por desarrollar. Tiene el diseño similar a un lienzo negro.

Fiabilidad de la utilidad. La solidez y confiabilidad de los servicios públicos locales es una preocupación con los propósitos de selección de sitios. Las fallas eléctricas crean las fallas y desastres más comunes.

La fuente de alimentación ininterrumpida (UPS) brinda protección contra fallas eléctricas por un período de tiempo, y los generadores por un período prolongado, si se repostan.

Crimen. Las tasas de criminalidad locales son un factor en la selección del sitio. Lo más importante aquí es la seguridad de los empleados; Todos los empleados tienen derecho a un entorno de trabajo seguro y saludable.

Problemas de configuración y diseño del sitio

Después de la selección, se toman muchas decisiones de diseño. ¿El sitio se convertirá abiertamente en un centro de datos? ¿Hay inquilinos

---

[11] Syed Ubaid Ali jafri - CISSP Exam Guide by Eric Conrad,Seth Misenar. (2019). Retrieved from http://docslide.us/education/syed-ubaid-ali-jafri-cissp-exam-guide-by-eric-conradseth-misenar.html

compartiendo el edificio? ¿Dónde debería estar el punto de demarcación de las telecomunicaciones?

Marcación del sitio. La mayoría de los centros de datos no están marcados abiertamente para no llamar la atención de las personas sobre las instalaciones y sus contenidos caros. Un edificio con un diseño adecuado es importante para evitar a los atacantes.

Viviendas compartidas y edificios adyacentes. Muchos otros inquilinos que viven en el edificio también podrían plantear problemas de seguridad, ya que ya están detrás del perímetro de seguridad física. La actitud descuidada de los inquilinos hacia la seguridad de los visitantes puede poner en peligro su seguridad.

Demarcación compartida. El problema que enfrenta la mayoría de las personas en un edificio compartido, es el patrón de su demarcación. Aquí es donde termina la responsabilidad del proveedor de servicios de Internet (ISP), lo que permite a los clientes asumir la otra responsabilidad de obtener el servicio de Internet. Hoy en día, los edificios tienen un área de demarcación y todos los circuitos externos se ingresan en el edificio. El acceso al mismo afecta la confidencialidad, integridad y disponibilidad de los circuitos y los datos que contienen.

Instalaciones de almacenamiento de medios. El almacenamiento fuera de línea de los medios para la recuperación de un desastre, los posibles procedimientos legales o los fines reglamentarios es normal. Un almacenamiento de medios creado fuera de la instalación principal hace que los datos sean accesibles incluso cuando hay problemas físicos en la instalación principal.

Defensas del sistema

Este es uno de los últimos en una estrategia de defensa completamente designada. Intenta ofrecer soluciones y evitar que los atacantes tengan acceso directo al dispositivo o los medios que contienen información importante. En la mayoría de los casos, cuando otros controles pueden haber fallado, se destaca como la técnica superior y sigue siendo la fase final en la protección de datos..

Seguimiento de activos

Las bases de datos de seguimiento de activos efectivas potencian la seguridad física. Solo protege sus datos cuando sabe qué y dónde está. Las bases de datos detalladas de seguimiento de activos se ajustan al cumplimiento normativo al identificar dónde hay datos regulados dentro de un sistema que utiliza números de serie y modelo.

Controles de Puerto

Esto podría ser defectuoso debido a grandes cantidades de información almacenada en él. También puede ser apagado físicamente. Algunos ejemplos de ideas de control de puertos son desconectar los cables internos que conectan el puerto al sistema, deshabilitar puertos en la placa base de un sistema y obstruir físicamente el puerto en sí.

Controles del Ambiente

Estos controles aseguran un ambiente propicio para el personal y sus equipos. Los ejemplos incluyen alimentación, climatización y seguridad contra incendios.

Seguridad, Capacitación y Concientización del Personal

La seguridad del personal es el objetivo principal de la seguridad física. Ofrece la oportunidad para que el personal haga uso de un sistema de energía de emergencia.

Rutas de evacuación. Las rutas posteriores a la evacuación deben estar en un lugar destacado, como en las habitaciones de un hotel, por ejemplo. Todos los visitantes y el personal deben ser informados de la ruta de evacuación más rápida desde donde están. Cada sitio debe designar un punto donde todo el personal se reunirá en caso de una emergencia.

Roles y Procedimientos de Evacuación. Los principales roles de evacuación ampliamente seguidos por seguridad son el líder del punto de reunión y el director de seguridad. Este último debe asegurarse de que todo el personal salga del edificio de manera segura y cuidadosa en una situación de emergencia, mientras que el primero asegura que todo el personal involucrado se contabilice en el punto de reunión de emergencia.

Sistemas de advertencia de coacción. Este tipo de advertencia está redactado para permitir la señalización inmediata en caso de emergencias como contaminación química, mal tiempo, amenaza de violencia, etc.

Seguridad en los viajes. La seguridad es importante en todas las fases del negocio, tanto en hogares autorizados como en el extranjero. Los teletrabajadores deben tener el equipo adecuado, incluidas estaciones de trabajo ergonómicamente seguras, ya que los viajes de negocios a ciertas áreas pueden no ser seguros. Cuando organizaciones como la Oficina de Asuntos Consulares del Departamento de Estado de EE.

UU. Emiten advertencias de viaje (http: // travel.state.gov/), el personal debe tomar nota de ellas antes de viajar al extranjero.

ABCDK Incendios y Supresión

La evacuación segura es el principal problema de seguridad para cuando hay un incendio. Diferentes tipos de incendios tienen diferentes requisitos de agentes supresores. Estos agentes supresores extinguen los incendios[12]

La clase A incluye combustibles como madera y papel. Esto es muy común. Apague este tipo de fuego con agua o ácido sódico.

Los incendios de clase B incluyen la quema de aceite, alcohol, gasolina y otros productos del petróleo que se deben extinguir con gas o ácido sódico. El agua nunca debe usarse para extinguir esta clase de fuego.

Los incendios de clase C son incendios encendidos por la electricidad. Puede encenderse en el cableado o equipo. Son incendios conductores, y deben extinguirse con un agente no conductor, como el gas.

La clase D de incendios involucra la quema de metales; Es recomendable utilizar polvo seco para extinguirlos.

La clase K son los incendios de la cocina, que involucran quemar grasa y aceite. La extinción de esta clase implica el uso de productos químicos húmedos.

---

[12] Types of Fires and Extinguishing Agents – The Fire Equipment Manufacturers' Association. (2019). Recuperado de https://www.femalifesafety.org/types-of-fires.html

Agentes de supresión de incendios

Estas herramientas de supresión funcionan utilizando cuatro métodos posibles que también podrían combinarse:

- Interfieren con la reacción química que tiene lugar dentro del fuego.

- Reducen el suministro de oxígeno al fuego.

- Reducen la temperatura del fuego.

Agua. Apaga el fuego al suprimir la temperatura más baja que el punto de ignición. Se recomienda extinguir los combustibles comunes. Es el agente supresor más seguro.

Ácido sódico. Esta es una técnica de extinción más antigua que utiliza una mezcla de bicarbonato de sodio (soda) y agua. Un recipiente de vidrio de ácido se suspende dentro del extintor que se rompe por una palanca externa.

Polvo seco. El uso de polvo seco para extinguir un incendio funciona al reducir la temperatura y, eventualmente, hace que el fuego se quede sin oxígeno. Los incendios de metales pueden extinguirse de esta manera. Un ejemplo de polvo seco es el cloruro de sodio.

Productos químicos húmedos. Los fuegos de cocina y los combustibles comunes como el papel y el caucho también se apagan con este método. El contenido químico está compuesto por una mezcla de agua y acetato de potasio.

CO2. El riesgo de usar CO2 es que es incoloro e inodoro, y nuestros cuerpos lo respirarán como el aire. La eliminación de oxígeno apaga el fuego en la supresión de incendios de CO2

El riesgo involucrado en el CO2 es que puede causar asfixia debido a la falta de oxígeno.

Sistemas de rociadores. Aquí, las tuberías (tuberías húmedas o secas) tienen cabezales de rociadores. Pero las tuberías húmedas tienen agua hasta las cabezas de los rociadores y las tuberías secas tienen aire comprimido. Estas tuberías se abren después de ser activadas por una alarma de incendio. Los sistemas de diluvio liberan agua usando dos igniciones separadas. Un sistema de preacción es una combinación de sistemas secos, húmedos o de diluvio.

Halón y sustitutos de halón. Apagan el fuego haciendo uso de una reacción química que reduce la temperatura del fuego. La producción y el consumo de halón se prohibieron en los países desarrollados a partir del 1 de enero de 1994 debido a sus propiedades de agotamiento.

Extintores portátiles. Estos deben ser lo más pequeños posible para uso personal, y deben identificarse indicando el fuego que deben usarse para extinguir sus contenedores.

Capítulo 4

Comunicación

L as comunicaciones y la seguridad de la red son esenciales en el mundo de hoy. Internet, la banca en línea, la mensajería instantánea, la red mundial, el correo electrónico y otras tecnologías dependen de la seguridad de la red; Nuestro mundo de hoy no puede prescindir de ello.

Las comunicaciones y la seguridad de la red se centran en la privacidad, la confiabilidad y la disponibilidad de datos en movimiento.

Las comunicaciones y la seguridad de la red se encuentran entre los dominios más grandes del cuerpo de conocimiento común y tienen más conceptos que otros dominios. También es uno de los dominios que requieren conocimientos prácticos sobre segmentos, marcos, paquetes y encabezados.

Arquitectura y diseño de redes

Esta primera sección explicará las configuraciones de la red y controlará el contenido, centrándose en utilizar y comparar el precio, los beneficios y los aspectos técnicos del control de la red.

Conceptos fundamentales de la red

Antes de comenzar, es necesario comprender los principios básicos detrás de lo que estamos por estudiar. Terminologías como la banda ancha se aplican la mayoría de las veces informalmente El examen exige una comprensión detallada de la seguridad de la información.

Comunicación simple, semidúplex y dúplex completo. La comunicación simple es unidireccional, como una radio de coche. La información de comunicación semidúplex se transmite / recibe solo una vez, como un walkie-talkie. En la comunicación full-duplex, la información se transmite / recibe simultáneamente, como cuando está teniendo una conversación.

LAN, WAN, MAN, GAN y PAN.

LAN: la red de área local es una red relativamente pequeña dentro de un edificio o en las áreas circundantes.

MAN: la red de área metropolitana está restringida a una ciudad, código postal, campus o parque. WAN - WAN define una red de área amplia, que generalmente cubre ciudades, estados o países.

GAN - GAN se refiere a una red de área global y es una colección global de WAN.

PAN - PAN cubre la distancia más pequeña (100 m o menos); Utilizado por comunicaciones inalámbricas de baja potencia como Bluetooth.

Internet, Intranet y Extranet. Internet es un sistema global de red interconectada que opera Protocolos de control de transmisión / Protocolos de Internet (TCP / IP), lo que crea un servicio efectivo. La intranet es una TCP / IP de gestión privada, por ejemplo, la red de una organización. Sin embargo, Extranet es un enlace entre Intranets, por ejemplo, un enlace a socios comerciales.

Redes de conmutación de circuitos y conmutación de paquetes. Las redes de voz creadas en los primeros tiempos fueron conmutadas por circuitos, por lo que un canal o circuito (parte de un circuito) era un servidor de archivos para dos nodos. Las conexiones punto a punto, como un T1 que conecta dos oficinas, se pueden realizar mediante redes de conmutación de circuitos.

Una desventaja de las redes de conmutación de circuitos es que la conexión de un canal o circuito lo hace dedicado únicamente a esa función, incluso en ausencia de transferencia de datos. Las redes de conmutación de paquetes se diseñaron para enfrentar este problema y manejar las fallas de la red de manera más eficiente.

En lugar de utilizar circuitos dedicados, las redes de conmutación de paquetes dividen los datos en paquetes, todos enviados individualmente. Si existen varias rutas entre dos puntos en una red, la conmutación de paquetes elige la mejor ruta y se apoya en las rutas secundarias en caso de una falla. Los paquetes pueden tomar cualquier ruta a través de una red y luego ser reensamblados por el nodo receptor. Los paquetes perdidos se pueden retransmitir, mientras que los paquetes desordenados se pueden volver a secuenciar.

Por el contrario, las redes de conmutación de paquetes, a diferencia de las redes de conmutación de circuitos, permiten el uso de ancho de banda no utilizado para otras conexiones. Esto hace que las redes de conmutación de paquetes sean una opción más barata.

Calidad de servicio. Permitir que el ancho de banda no utilizado se use para otras conexiones plantea un problema: ¿qué sucede cuando se agota el ancho de banda? ¿Qué tipo de conexión obtiene el ancho de banda? Este no es un problema con las redes de conmutación de circuitos, donde las aplicaciones están completamente conectadas a circuitos o canales dedicados.

La calidad de servicio (QoS) es utilizada por las redes de conmutación de paquetes para brindar una ventaja precisa del tráfico sobre el resto del tráfico; La QoS se utiliza en el tráfico de voz sobre protocolo de Internet (VoIP) (voz a través de redes de datos de conmutación de paquetes) para detener la intercepción de llamadas.

El Protocolo simple de transferencia de correo (SMTP), un protocolo de almacenamiento y reenvío empleado en los correos electrónicos, no es tan sensible a los retrasos; Las interrupciones en el intercambio de correo electrónico no pueden notarse tan rápido como las llamadas perdidas.

El Modelo OSI

El modelo de Interconexión de Sistema Abierto es un modelo de red en capas. Este modelo es hipotético; El modelo OSI no se implementa directamente en los sistemas (la mayoría de los sistemas ahora usan el modelo TCP / IP). En su lugar, se utiliza como punto de referencia, por lo que se entiende globalmente "Capa 1" (física), incluso si está ejecutando Ethernet o ATM, por ejemplo. "Capa X" aquí se refiere al modelo OSI.

[13]El modelo OSI tiene siete capas. De arriba a abajo:

Layer 1 Capa 1: Físico

La capa 1 representa unidades de datos como bits, expresados por energía (como electricidad, luz o ondas de radio) y el material de transmisión, como cables de fibra óptica o cobre. Las WLAN tienen una capa física, pero no se pueden tocar.

En muchos dispositivos, repetidores y protuberancias, la Capa 1 tiene estándares de cableado, como par trenzado sin blindaje (UTP), thicknet y thinnet.

Capa 2: enlace de datos

El acceso a la capa 1 y la conexión LAN están controlados por la capa 2. La dirección de control de acceso a los medios (MAC), su tarjeta Ethernet, así como los puentes e interruptores se ubican en la capa 2.

Hay otros dos sLayer 2 que consta de otras dos capas: control lógico (LLC) y control de acceso a los medios (MAC) que intercambia información entre la Capa 1, mientras que la LLC controla las conexiones LAN (Capa 3)

Capa 3: Red

El enrutamiento (transmitir información a través de las LAN en dos sistemas diferentes) representa la Capa 3. Consiste en enrutadores y direcciones IP.

Capa 4: Transporte

---

[13] The OSI Model – What It Is; Why It Matters; Why It Doesn't Matter. (2019). Recuperado de http://www.tech-faq.com/osi-model.html

La capa 4 controla la secuenciación del paquete, el control del flujo y la detección de errores. Los protocolos incluyen UDP (User Datagram Protocol) y TCP (Transmission Control Protocol). Proporciona componentes como reenviar y volver a secuenciar paquetes. La implementación del protocolo determina el uso de estos componentes. TCP implementa estos componentes pero es más lento. UDP es más rápido ya que no utiliza estos componentes.

Capa 5: Sesión

Capa 5 controla las sesiones, que mantiene las conexiones. Compartir archivos a través de una red requiere sesiones de mantenimiento, como llamadas a procedimientos remotos (RPC) en la Capa 5. La capa de sesión permite la comunicación entre aplicaciones. Utiliza comunicación simplex, half-duplex y full-duplex.

Capa 6: Presentación

Los datos se presentan a la aplicación y al usuario de manera comprensible mediante la Capa 6. Caracteres como ASCII, formatos de imagen como TIFF (formato de archivo de imagen etiquetado), GIF (formato de intercambio de gráficos) y JPEG (expertos fotográficos conjuntos) y conversión de datos , todo esto ocurre en la capa de presentación.

Capa 7: Aplicación

La capa 7 permite al usuario interactuar con la aplicación. La mensajería instantánea, el procesamiento de textos y la navegación web ocurren en esta capa. Los protocolos incluyen Protocolos Telnet y FTP.

El Modelo TCP/IP

Su nombre informal es TCP / IP, mientras que su nombre formal es Internet Protocol Suite.

Capa de acceso a la red. Las capas 1 (física) y 2 (enlace de datos) del modelo OSI están integradas por la capa de acceso a la red del modelo TCP / IP. Describe los componentes de la capa 1 como la energía, los bits y el material de transmisión (inalámbrico, fibra, cobre). Los problemas en la Capa 2 como el cambio de bits en protocolos como: Tarjetas de interfaz de red (NIC), direcciones MAC y tramas de Ethernet se tratan.

Capa de internet La capa 3 (red) del modelo OSI es equivalente a la capa de Internet del TCP / IP. Las direcciones IP y el enrutamiento se producen aquí. Se utiliza una capa de Internet para enviar información a través de nodos en diferentes LAN. Los protocolos incluyen protocolo de enrutamiento, IPv6, IPv4, ICMP y otros.

Capa de transporte de host a host. Esto se conoce comúnmente como "transporte"; crea una conexión entre la capa de aplicación y la capa de internet. Aquí, los puertos se utilizan para dirigir la aplicación en una red.

Capa de aplicación. El TCP / IP integra las capas 5, 6 y 7 del modelo OSI. La mayoría de estos protocolos utilizan una configuración cliente-servidor, donde el usuario se conecta a un servidor. El usuario y los servidores utilizan TCP, UDP o ambos como su protocolo de capa de transporte. Secure Shell (SSH), Telnet y FTP son protocolos de la capa de aplicación TCP / IP.

Direcciones MAC. La dirección de hardware distinta de una NIC Ethernet es una dirección MAC, incorporada de fábrica. El software puede ser utilizado para modificarlos.

Direcciones MAC EUI64. Un identificador único extendido, direcciones de 64 bits fue creado por el IEEE. Permite más direcciones MAC que direcciones de 48 bits. Ambas direcciones MAC se pueden configurar usando IPv6.

IPv4t. IPv4 no tiene conexión y no es confiable; garantiza la entrega de paquetes "mejor esfuerzo". Cuando sea necesario, un protocolo de alto nivel (como TCP) proporciona confiabilidad y conexión.

IPv6. IPv6 es una modificación de IPv4, con espacios de direcciones más grandes (IPv6 tiene direcciones de 123 bits, IPv4 tiene 32 bits), enrutamiento más fácil y asignación de direcciones más fácil. IPv6 fue creado para corregir la escasez de direcciones IPv4.

TCP. TCP es un protocolo de capa 4 que utiliza un protocolo de enlace de tres vías para crear conexiones a través de una red. TCP puede reorganizar los segmentos desordenados y reenviar las partes faltantes.

Puertos TCP. Un puerto de origen está vinculado a un puerto de destino por TCP, como desde el puerto de origen 8648 al puerto de destino 67. El campo del puerto es de 16 bits; Los números de puerto permitidos varían de 0 a 65,535.

UDP. UDP es más rápido y más simple que TCP. Se utiliza para aplicaciones como audio o video streaming.

ICMP. El protocolo de mensajes de control de Internet se utiliza para transmitir informes de errores y para solucionar problemas. Sin la asistencia de ICMP, IP no podría enrutar puertos, redes o hosts que están fuera de servicio y solucionar otros problemas. ICMP utiliza cifrado y tipos y no entiende los puertos como UDP y TCP lo hacen.

Conceptos y protocolos de TCP / IP de nivel de aplicación

Estos son:

Telnet. Telnet proporciona emulación de terminal a través de una red. "Terminal" es un acceso de terminal de estilo VT100 basado en texto. Los servidores Telnet escuchan en el puerto TCP 23. Durante 20 años, Telnet se ha utilizado para acceder a la venta de comandos interactivos en todas las redes.

No proporciona confidencialidad, por lo que es inseguro. La información transferida durante una sesión está en texto sin cifrar, además de la contraseña y el ID de usuario utilizados para iniciar sesión en el sistema.

FTP. El Protocolo de transferencia de archivos (FTP) se utiliza para transferir archivos. Similar a Telnet, el FTP no es seguro y no tiene integridad, por lo tanto, no se utiliza para transmitir información confidencial.

SSH. Secure Shell (SSH) se diseñó como un sustituto seguro de FTP, los comandos UNIX "R" y Telnet. Además de otras características, permite la integridad, el inicio de sesión seguro y la confidencialidad. Se puede utilizar para canalizar de forma segura otros protocolos, como HTTP.

SMTP, POP, e IMAP. El Protocolo simple de transferencia de correo (SMTP) se usa para enviar correos electrónicos hacia y desde los servidores de red. Utiliza el puerto TCP 25. Los protocolos incluyen POPv3 (Post Office Protocol) que usa el puerto TCP 110 y IMAP (Internet Message Access Protocol) que usa el puerto TCP 143.

DNS. El Sistema de nombres de dominio (DNS) es una base de datos universal que traduce jerárquicamente las direcciones IP a nombres y viceversa. DNS implementa TCP y UDP. Las respuestas pequeñas implementan el puerto UDP 53, mientras que las respuestas más complejas, como las transferencias de zona, utilizan el puerto TCP 53.

HTTP y HTTPS. HTTP (Protocolo de transferencia de hipertexto) envía información no cifrada basada en web, mientras que el protocolo de transferencia de hipertexto (HTTPS) envía información cifrada basada en web mediante SSL / TLS. HTTP utiliza el puerto TCP 80, mientras que HTTPS utiliza el puerto TCP 443. El contenido web se muestra con HTML (lenguaje de marcado de hipertexto).

Protocolos y tecnologías LAN

LAN consta de las capas 1–3 de tecnologías como FDDI, Ethernet, topologías de red lógica y física, tipos de cableado de red y otros.

Ethernet. La capa 2 implementa ethernet. Es una importante tecnología de redes de área local. Aquí, la información de la red se transmite utilizando marcos. Ethernet utiliza un canal (banda base), por lo que soluciona problemas como colisiones, una situación en la que dos nodos intentan enviar información de forma simultánea.

Protocolos y Tecnologías WAN

Los ISP y otros proveedores de redes, cuyas redes se extienden por ciudades y países, a menudo hacen uso de las tecnologías WAN.

T1s, T3s, E1s y E3s. Existen muchos estándares de circuitos internacionales; Los más dominantes son T Carriers (Estados Unidos) y E Carriers (Europa).

Retardo de fotograma. Este es un protocolo WAN de capa 2 'empaquetado' que permite la recuperación sin errores y se enfoca en la velocidad. Cuando se utiliza para transmitir protocolos de capa superior como TCP / IP, se garantiza la autenticidad.

MPLS. El cambio de etiquetas multiprotocolo ofrece una forma de transmitir información WAN a través de etiquetas a través de una red compartida. Estas etiquetas, (encabezado no encapsulado como encabezado IP), toman decisiones. MPLS transmite datos y voz y se utiliza para simplificar el enrutamiento WAN.

Protocolos convergentes

"Convergencia" es una red moderna de jerga. Ethernet y TCP / IP se utilizan para entregar servicios como almacenamiento, control industrial y voz, en lugar de las redes y dispositivos que no se usaban anteriormente.

DNP3 (Protocolo de Red Distribuida). Esto proporciona un estándar requerido principalmente en el sector energético para la interoperabilidad entre las aplicaciones SCADA y redes inteligentes de diferentes suscriptores. Este protocolo es de múltiples capas (a diferencia de la mayoría de los protocolos de una capa como SMTP) y se puede transmitir a través de otro protocolo de varias capas: TCP / IP.

Protocolos de almacenamiento. La Interfaz de sistema de computadora pequeña (iSCSI) y el Canal de fibra a través de Ethernet

(FCoE) son protocolos de red de área de almacenamiento (SAN) que proporcionan formas económicas de autorizar la interfaz de almacenamiento con protocolos y tecnologías de infraestructura de red existentes. SAN permite el acceso a archivos a nivel de bloque a través de una red, como un disco duro conectado directamente.

FCoE tiene éxito en Fibre Channel, que anteriormente se usaba para redes de almacenamiento pero no necesita cableado y hardware completamente diferentes; En cambio, FCoE se transmite a través de redes Ethernet estándar. En FCoE, los adaptadores de bus de host (HBA) de Fibre Channel se pueden combinar para reducir el costo. FCoE utiliza Ethernet, no TCP / IP. Al usar TCP / IP, Fibre Channel sobre IP (FCIP) encapsula las tramas de Fibre Channel.

Al igual que FCoE, iSCSI es un protocolo SAN que permite la autorización de la interfaz de almacenamiento con los protocolos y la infraestructura de red existente. FCoE utiliza Ethernet, mientras que iSCSI utiliza TCP / IP de capa superior para la conexión. Se enruta de la misma manera que cualquier otro protocolo IP (como FCIP). Debido a que se utilizan protocolos más allá de la capa 2 (Ethernet), iSCSI se puede transmitir solo a través de la red local. iSCSI utiliza LUN (números de unidad lógica) para resolver problemas de almacenamiento en la red. Además, se requieren LUN para el control de acceso primario para el almacenamiento de acceso a la red.

VoIP. Usando redes de datos, el protocolo de voz sobre Internet (VoIP) envía voz; una modificación de POTS analógico (Plain Old Telephone Service), que todavía se utiliza después de un siglo. VoIP ofrece las ventajas de las redes de conmutación de paquetes, como la confiabilidad y el bajo costo para el teléfono.

Aunque VoIP ofrece opciones más baratas, particularmente para sitios nuevos sin una inversión de voz heredada establecida, no está asegurado. Por defecto, la mayoría de los protocolos de VoIP como RTP proporcionan seguridad de bajo nivel.

Redes definidas por software

El plano de control de un enrutador se separa del plano de datos (reenvío) mediante una red definida por software (SDN). El plano de control determina el enrutamiento. Usando un enrutador, el plano de datos envía datos (paquetes). Al usar el enrutamiento SDN, las decisiones se toman de forma remota en lugar de en enrutadores individuales.

El protocolo más común utilizado es OpenFlow, permite la actualización del controlador central o asigna el control de las reglas de conmutación. Es un protocolo TCP que se encripta utilizando la seguridad de la capa de transporte (TLS).

Redes inalámbricas de área local (WLAN)

Las redes inalámbricas de área local transmiten datos mediante la luz o ondas electromagnéticas. Radio.802.11 es el tipo más común de WLAN, 802.11i es la variante inicial para garantizar la seguridad.

FHSS (Espectro de expansión de salto de frecuencia) y DSSS (Espectro de expansión de secuencia directa). Estos son dos medios de transmitir el tráfico a través de la radio.

DSSS hace uso de toda la banda, señales de "propagación" en toda la banda. FHSS utiliza una serie de pequeños canales de frecuencia en toda la banda y los "saltos" a través de ellos en un orden descrito como pseudoaleatorio.

81

WEP. El protocolo de privacidad equivalente cableado se usó anteriormente (autenticado en 1999) para proporcionar seguridad inalámbrica 802.11. WEP es débil, y los códigos de acceso WEP pueden ser hackeados fácilmente. Proporciona poca integridad o confidencialidad debido a estos hacks. En realidad, muchos piensan que WEP no es seguro y prohíben su uso. En lugar de WEP, se deben usar los algoritmos de cifrado indicados en 802.11i u otros métodos de cifrado como las redes privadas virtuales (VPN).

OFDM. La multiplexación por división de frecuencia ortogonal (OFDM, por sus siglas en inglés) es un método de multiplexación reciente, que permite que las transmisiones simultáneas utilicen múltiples frecuencias inalámbricas independientes que no interfieren entre sí.

802.11i. Esta es la primera variante 802.11 que proporciona seguridad moderada, una red de seguridad robusta (RSN) y permite módulos de autenticación conectables. RSN permite la modificación de cifrados criptográficos a medida que se descubren nuevas debilidades.

Bluetooth. Según el estándar 802.15 de IEEE, Bluetooth es una tecnología inalámbrica PAN que se ejecuta en la misma frecuencia de 2.4 GHz como pocos dispositivos 802.11. Los dispositivos pequeños y de bajo consumo, como los teléfonos celulares, usan Bluetooth para transmitir datos en distancias cortas. La versión 2.1 y anteriores se ejecutan en 3 Mbps o menos; Las versiones 3 y 4 permiten velocidades más rápidas.

Los dispositivos sensibles deben bloquear la detección automatizada de los dispositivos Bluetooth cercanos. La seguridad del adaptador de dirección MAC de 48 bits del bluetooth determina su detección. Los dispositivos Bluetooth se detectan fácilmente (incluso si están desactivados) al estimar la dirección MAC. Los 24 bits primarios son fácilmente estimados, son el OUI, mientras que los 24 bits finales se estiman agresivamente.

Dispositivos de red seguros y protocolos

Estos dispositivos incluyen:

Repetidores y Hubs

Estos son dispositivos de capa 1 Los repetidores que obtienen información en un puerto se "repiten" en otro puerto. El repetidor no comprende los protocolos; solo repite bits. Los repetidores podrían alargar una red.

Un concentrador es un repetidor que tiene más de dos puertos, recibe bits en un puerto y los repite en otros puertos.

Puentes

Los interruptores y puentes son dispositivos de capa 2. Los puentes tienen dos dominios de colisión y dos puertos. Ellos enlazan secciones de red juntas. Cada sección tiene varios nodos. Los datos transferidos desde los nodos en un extremo se envían al otro, mientras que los datos transferidos desde el mismo extremo del puente no se envían. El puente presenta la separación del tráfico y toma decisiones de reenvío al asimilar las direcciones MAC de los nodos vinculados.

Interruptores

Estos son puentes con más de dos puertos. La mejor práctica es conectar solo un dispositivo en un puerto de switch. De esta manera, el dominio de colisión se reduce a un puerto. Si cada puerto tiene un solo dispositivo conectado, no se producen colisiones. Los enlaces troncales enlazan múltiples interruptores.

VLANs. Una VLAN es una LAN virtual, parecida a un conmutador virtual. Los escritorios y los servidores están conectados al mismo conmutador para generar diferentes LAN de escritorio y servidor. Se pueden utilizar diferentes interruptores; alternativamente, se pueden desarrollar dos VLAN separadas.

Un conmutador puede anclar varias VLAN y una VLAN distribuida en varios conmutadores. Las VLAN también pueden agregar protección de defensa en profundidad a las redes al segmentar la información y administrar el tráfico.

Enrutadores

Estos son dispositivos de capa 3 que dirigen el tráfico entre las LAN. Las direcciones IP de origen y destino determinan las decisiones tomadas por los enrutadores basados en IP.

Cortafuegos

Los firewalls filtran el tráfico entre las capas 3 y 4 de la red (direcciones IP y puertos) y determinan los comandos seguidos por los firewalls con estado y los filtros de paquetes TCP / IP. Las capas 5–7 determinan el comando seguido de los servidores de seguridad proxy. Los firewalls son multitarjeta: varias NIC están vinculadas a varias redes diferentes.

Filtro de paquetes. Este es un cortafuegos simple y rápido. Un solo paquete determina cada decisión de filtrado. Es imposible revisar los paquetes viejos para tomar nuevas decisiones.

Los comandos de eco ICMP salientes y las respuestas de eco ICMP entrantes están permitidos por el firewall de filtrado de paquetes. La computadora 1 puede hacer ping a bank.example.com. El problema es: un atacante en evil.example.com puede enviar respuestas de eco no solicitadas que podrían estar permitidas por el firewall.

Cortafuegos con estado. Los firewalls con estado permiten que el firewall compare paquetes nuevos con los antiguos; Aunque son más lentos que los filtros de paquetes, tienen mayor seguridad.

La computadora 1 transmite el comando ICMP echo a bank.example.com. El firewall se configura en sitios de Internet, por lo tanto, el firewall con estado permite los datos e incluye la entrada a su tabla de estado.

La computadora 1 recibe una respuesta de eco de bank.example.com. El cortafuegos comprueba si este tráfico está permitido y transmite los datos.

Si evil.example.com envía una respuesta de eco ICMP no solicitada, el firewall con estado detecta la entrada de la tabla de estado ausente y el tráfico se bloquea.

Cortafuegos proxy. Los cortafuegos proxy funcionan como servidores intermediarios. Tanto el filtro de paquetes como los firewalls con estado permiten o bloquean el tráfico.

Cortafuegos Proxy de capa de aplicación. Los firewalls de proxy de capa de aplicación se ejecutan hasta la capa 7. En lugar de tomar comandos solo en las capas 3 y 4 (como el filtro de paquetes y los firewalls de estado), los proxies de capa de aplicación también basan las decisiones en datos de capa de aplicación como el tráfico HTTP.

Módem

Un módem es un modulador / demodulador que convierte datos binarios en sonido analógico transmitido en redes telefónicas estructuradas para voces humanas. Luego, el módem receptor realiza la demodulación del sonido analógico a la información binaria.

Comunicaciones seguras

Un problema importante es salvaguardar la información en movimiento. Internet proporciona una comunicación económica a nivel mundial con accesibilidad, seguridad e integridad mínimas.

Protocolos y Marcos de Autenticación

Esto certifica y reclama identidad a través de un servidor. Un diseño de seguridad sólido supone que los paquetes enviados entre el cliente y el servidor pueden filtrarse, por lo tanto, este protocolo debe ser seguro.

802.1X. Este es un control de acceso a la red basado en puertos (PNAC) que incluye EAP.

EAP. Este es un modelo de certificación que explica varios protocolos de certificación específicos. Proporciona certificación en la capa 2 (basada en puerto) antes de que un nodo reciba una dirección IP. Se utiliza en cableado e inalámbrico, pero está estructurado en WLAN. Un usuario de EAP se llama suplicante y se exige la certificación de un servidor de autenticación (AS).

VPN (Redes Privadas Virtuales)

Esto protege la información transmitida en redes inseguras como internet. El objetivo es asegurar la privacidad proporcionada por un circuito como T1. Incluye sistemas de cifrado como AES para garantizar la seguridad y hash criptográficos como SHA-1 para garantizar la autenticación

PPP. El protocolo punto a punto (PPP) es un protocolo de capa 2 que garantiza la seguridad, la integridad y la autenticación a través de las conexiones punto a punto. PPP ancla conexiones síncronas como T1 y conexiones asíncronas como módems.

IPsec. La seguridad no está incorporada en IPv4; Los protocolos de capa superior como TLS proporcionan confidencialidad. IPsec (seguridad de protocolo de Internet) fue creado para garantizar la seguridad, la certificación y la integridad, mediante el cifrado de IPv6, se transfiere a IPv4. Es una colección de protocolos. Los dos tipos principales son: Encabezado de autenticación (AH) y Protocolo de seguridad de encapsulación (ESP). A cada uno se le asigna un número de protocolo IP; AH es el protocolo 51 y ESP es el protocolo 50.

SSL (Secure Sockets Layer) y TL

SSL protege los datos HTTP. HTTPS utiliza el puerto 443. TLS es una modificación de SSL, igual a la versión SSL. 3.1.TLS 1.2 es la última versión.

Aunque inicialmente se centró en la web, SSL o TLS se pueden usar para cifrar diversos tipos de información y canalizarlos a través de otros protocolos para crear conexiones VPN. Las VPN de SSL son más directas que sus contrapartes de IPsec: IPsec realiza cambios en las redes de IP, por lo tanto, la instalación del software de IPsec modifica el sistema operativo. El software de cliente SSL no solicita modificaciones del sistema operativo. En comparación con IPsec firewalling SSL es más fácil.

Acceso remoto

En esta era digital, el acceso seguro es crucial. Los usuarios se conectan a través de una línea de suscriptor digital (DSL) o cable módem, y recientemente, la tecnología de reuniones remotas y la mensajería instantánea.

Cable Modems. Al utilizar la televisión por cable de banda ancha, los proveedores de televisión por cable utilizan módems de cable para proporcionar acceso a Internet. El acceso a la televisión por cable es limitado y está disponible en las ciudades, la mayoría de las grandes ciudades e industrias. Al contrario de DSL, es posible compartir el ancho de banda entre los usuarios que utilizan la misma plataforma.

Acceso a la consola de escritorio remoto. Dos protocolos modernos populares que permiten el acceso remoto a una computadora de escritorio son: el Protocolo de escritorio remoto (RDP) que funciona con TCPport3389 y la Computación de red virtual (VNC) que funciona con TCP 5900. Contrariamente al enfoque anterior de acceso remoto basado en el extremo, Permitir el acceso gráfico a sistemas remotos.

Virtualización de aplicaciones y escritorio. Esta es una tecnología que proporciona un host central para las imágenes de escritorio que son efectivas de forma remota. La virtualización de escritorio, también conocida como VDI, significa infraestructura de escritorio virtual o interfaz de escritorio virtual.

Al contrario de proporcionar un entorno de escritorio completo, una empresa puede virtualizar aplicaciones importantes que se alojan de forma centralizada. La vinculación del control central con la virtualización de aplicaciones permite la restricción de acceso y parchea la aplicación rápidamente. Además, la virtualización de aplicaciones ejecuta aplicaciones heredadas que de otra forma serían imposibles de operar en sistemas implementados por la fuerza laboral.

Screen Scraping. El acceso remoto gráfico a los sistemas se facilita mediante el raspado de la pantalla. Los protocolos de rastreo de pantalla utilizan paquetes de datos y envían datos utilizados para dibujar la pantalla del sistema accedido en su pantalla con acceso remoto. Un enfoque de raspado de pantalla es la tecnología popularmente utilizada VNC. Aunque, no todos los protocolos de acceso remoto emplean raspado de pantalla. Por ejemplo, RDP no utiliza raspado de empleo.

Mensajería instantánea. La mensajería instantánea utiliza el "chat" en tiempo real para permitir la interacción entre dos o más usuarios. El chat puede involucrar solo a dos usuarios o muchos usuarios, como en los chats grupales.

Tecnología de reunión remota. La tecnología de reuniones remotas es una tecnología reciente que proporciona una plataforma para que los usuarios celebren reuniones en línea en Internet, incluido el uso compartido de escritorio. Estas tecnologías generalmente permiten que las diapositivas de PowerPoint se muestren en todas las PC vinculadas a una reunión, compartiendo archivos como hojas de cálculo, audio o video.

La mayoría de estas soluciones se transmiten a través del tráfico saliente de TSL o SSL, que se envían a través de proxies web y firewalls. Es necesario comprender y administrar las tecnologías de reuniones remotas para estar al día con todas las políticas posibles.

PDA (Asistencia Digital Personal). Estas son pequeñas computadoras que se pueden colocar en la palma. Las PDA se han modificado, comenzando con dispositivos de primera generación como Apple Newton y Palm Pilot. Estos PDA más antiguos ofrecen funciones de calendario y toma de notas. Los sistemas operativos PDA incluyen Windows Mobile, Android de Google, iOS de Apple, Windows Mobile y Blackberry.

Dos problemas principales de la seguridad de la PDA son la pérdida de datos y la seguridad inalámbrica. Los datos confidenciales deben cifrarse en las PDA; de lo contrario, el dispositivo debe almacenar solo una pequeña cantidad de información. El dispositivo está protegido con un PIN y permite una "limpieza", borrando los datos del dispositivo en caso de robo o pérdida.

Redes de distribución de contenidos. Las redes de distribución de contenido (CDN) utilizan una disposición de servidores de almacenamiento en caché distribuidos para mejorar el rendimiento y disminuir la inactividad del material descargado. Rutinariamente encuentran los servidores más cercanos a los usuarios, por lo que el contenido se descarga desde los servidores de Internet más cercanos y rápidos. Incluyen: Microsoft Azure, Akamai, CloudFlare, Amazon CloudFront.

Capítulo 5

Gestión de identidades y accesos

E
l control de identidad y acceso es la base para todas las disciplinas de seguridad, no solo la seguridad de TI. La gestión de acceso permite a los usuarios certificados acceder a datos relevantes y denegar el acceso de usuarios no autorizados.

Métodos de autenticación

El principio básico para emplear el control de acceso es la certificación válida de los usuarios. Primero, un usuario proporciona una identificación; sin embargo, esto no se puede confiar. El sujeto luego certifica al proporcionar una garantía que valida la identidad supuesta. Un conjunto de credenciales es la combinación de la identificación y certificación de un usuario.

Existen cuatro técnicas de certificación: Tipo 3 (lo que eres), Tipo 2 (lo que tienes), Tipo 1 (lo que sabes). En algún lugar está el cuarto tipo.

Tipo 1: lo que sabes

Las frases de contraseña son contraseñas estáticas largas compuestas de palabras en una oración o frase. Las frases de contraseña se pueden fortalecer usando palabras que no tienen sentido, lo que permite que no se adivinen (por ejemplo, reemplazando CISSP con "XYZZY" en la última frase de contraseña), mezclando letras pequeñas con letras mayúsculas y usando símbolos y números adicionales.[14]

One-t Las contraseñas de un solo uso (OTP) se utilizan para una única autenticación. Son realmente seguros pero difíciles de manejar. Una contraseña de un solo uso no se puede renovar y es viable solo una vez.

Una contraseña dinámica cambia a intervalos fijos. La seguridad de RSA creó SecurID, un dispositivo síncrono que crea nuevos códigos de token cada minuto. El código de token dinámico RSA se combina con la contraseña estática del usuario para generar una contraseña que cambia cada vez. Una desventaja son los tokens de alto precio.

Adivinando la contraseña. Adivinar la contraseña es un método en línea que intenta certificar a un usuario en el sistema. Algunos hacks basados en la web utilizan la adivinación de contraseñas, por lo que las aplicaciones deben crearse con este conocimiento. Los bloqueos de cuenta detienen una contraseña exitosa para adivinar la contraseña

Los hash de contraseña y el craqueo de contraseñas. Los sistemas de TI no almacenan contraseñas de texto claro; solo almacena las salidas hash de la contraseña. Hashing es un cifrado unidireccional que utiliza algoritmos y no clave. Una vez que un usuario intenta iniciar sesión, la contraseña de entrada se revisa y se compara con el hash almacenado en el sistema. Es imposible revertir algoritmos y generar una contraseña a partir de un hash. por lo tanto, los piratas informáticos pueden ejecutar el algoritmo hash hacia adelante varias veces,

---

[14] Garfinkel, S., Schwartz, A., & Spafford, G. (2003). *Practical Unix and Internet security*. Beijing: O'Reilly.

eligiendo varias contraseñas y comparando la salida con un hash, esperando encontrar una coincidencia (obteniendo así la contraseña original). Esto se conoce como craqueo de contraseñas.

Diccionario de ataques. Un diccionario de hacks utiliza listas de palabras, y todas están grabadas. Si el software de hacking corresponde a la salida de hash obtenida de un diccionario hackeado, se obtiene la contraseña original.

Ataques híbridos. Un ataque híbrido complementa o modifica los caracteres de las palabras de un diccionario antes de realizar el hashing, lo que permite descifrar contraseñas complicadas rápidamente. Por ejemplo, un hacker puede tener una lista de posibles contraseñas, pero también reemplazará la letra "o" con el número "0".

Ataques de fuerza bruta. Los ataques de fuerza bruta requieren mucho tiempo pero son más efectivos. El atacante estima las salidas de hash para todas las contraseñas probables. Hace años, la velocidad de la computadora era muy lenta y hacía esto difícil. Los avances en la velocidad de la CPU y la computación paralela han acelerado los ataques de fuerza bruta en contraseñas complicadas.

Mesas de arcoíris. Una tabla de arco iris representa una base de datos que contiene el resultado ya hash para todas las contraseñas probables. Su generación es lenta y siempre está incompleta; a veces no se incluyen todas las combinaciones posibles de contraseña / hash. Aunque las tablas arcoiris representan una base de datos, son complicadas, ya que utilizan un interruptor de memoria / tiempo para representar y recuperar contraseñas.

Sales. Las sales permiten una contraseña para hash por separado. La mayoría de los sistemas incorpora sal con contraseña antes del hashing. Si bien el almacenamiento de hashes es muy superior al almacenamiento de contraseñas de texto simple, con un valor de sal, la misma contraseña se cifrará de una manera diferente a la que los diferentes usuarios la utilicen.

Tipo 2: Algo que Tienes

Esta certificación exige que un cliente posea un elemento como un token que confirme la identidad de un usuario

Fichas dinámicas síncronas. Utilizan contadores o tiempo para alinear un código de token presentado con un código requerido por el servidor de autenticación. Aquellos que utilizan el tiempo muestran códigos de token que cambian a intervalos, como cada minuto; El código es viable sólo durante esa sesión.

Fichas dinámicas asíncronas. Nunca se sincronizan con un servidor central. Los tokens de desafío-respuesta son el tipo más popular.

Tipo 3: Algo que tú eres

En la autenticación de Tipo 3 (algo que eres), las propiedades físicas certifican o identifican a los usuarios mediante biométrica. Por ejemplo: un reconocimiento facial de aeropuerto o un escáner de huellas dactilares.

Matrícula biométrica y rendimiento. La inscripción es el proceso de registro utilizando un sistema biométrico; esto significa crear una nueva cuenta. Se proporciona un nombre de usuario y una contraseña / PIN, luego datos biométricos, como colocar huellas digitales en un lector de huellas digitales o tomar una fotografía del iris. La inscripción se realiza una sola vez y dura menos de 2 minutos.

El rendimiento (o tiempo de respuesta biométrica) es el proceso de certificación en un sistema biométrico; Esto dura entre 6 y 10 segundos.

Precisión de los sistemas biométricos. Antes de ejecutar un programa de control biométrico; La exactitud debe ser revisada. Se pueden usar tres métricas para evaluar la previsión biométrica:

- **Tasa de rechazos falsos.** Esto sucede cuando el sistema biométrico no acepta (no certifica) a un usuario certificado. Esto también se llama error de tipo I.

- **Tarifa de aceptación falsa.** Esto es cuando un usuario no certificado está certificado. Si el control biométrico de una empresa genera varios rechazos falsos, el control general debe ajustar la precisión del sistema al reducir la cantidad de información recibida durante la certificación del usuario. La reducción de la información aumenta el riesgo de aceptación falsa; por lo tanto, se corre el riesgo de permitir el acceso a un usuario no certificado. Este es un error de tipo II.

- **Tasa de error de cruce.** El CER (o índice de error igual - EER) es el punto en el que FRR y FAR se vuelven equivalentes. Describe toda la precisión de un sistema biométrico. El aumento de la sensibilidad de un sistema biométrico aumenta las FRR y reduce las FAR y viceversa.

Tipos de controles biométricos.

Hoy en día, se utilizan varios controles biométricos, incluyendo:

- Huellas Dactilares

- Escáner de Retina

- Escaneo de Iris

- Geometría de la Mano

- Dinámica del Teclado

- Firma Dinámica

- Impresión de Voz

- Escáner Facial

En el Lugar que estés

En algún lugar donde se encuentre, es una administración de acceso basada en la ubicación que utiliza tecnologías como la geolocalización basada en la dirección IP, la ubicación física para una compra o el sistema de posicionamiento global (GPS). Si el usuario está en la ubicación incorrecta, el acceso está bloqueado.

Tecnologías de Control de Acceso

Control de acceso centralizado. Permite la gestión de acceso de un punto para una organización. En lugar de hacer uso de las bases de datos de control de acceso local, la certificación es a través de controles de acceso de terceros. También proporciona inicio de sesión único, donde el usuario puede certificar una vez, y se accede a varios sistemas. La gestión de acceso centralizada hace que los tres As del control de acceso estén disponibles. Incluyen

- [15]Autenticación: confirmando un reclamo de identidad.

- Autorización: los usuarios certificados pueden operar un sistema.

- Responsabilidad: la capacidad de analizar un sistema y mostrar las acciones de los usuarios.

Control de acceso descentralizado. Esto permite que la administración de TI ocurra cerca de la misión y las operaciones del sistema. Aquí, una organización se propaga en múltiples ubicaciones, mientras que cada sitio local mantiene y soporta sistemas independientes, datos y bases de datos de control de acceso.

Esto asegura un mayor poder local porque cada sitio controla sus datos. Aunque es empoderador, tiene sus propios riesgos. Varios sitios web pueden implementar diferentes políticas, niveles de seguridad y modelos de gestión de acceso, lo que da lugar a discrepancias. Las compañías que tienen una política general pueden descubrir que la adhesión es diferente en cada sitio web. La cadena más débil es la más vulnerable a los hacks. Por ejemplo, una pequeña empresa con poco personal capacitado es un objetivo mejor que un centro de control de datos que tiene empleados altamente capacitados.

Inicio de sesión único. Esto permite que varios sistemas utilicen un AS central, permite la certificación única y el acceso a varios sistemas.

---

[15] Fundamentals of Information Systems Security/Access Control Systems - Wikibooks, open books for an open world. (2019). Recuperado de https://en.wikibooks.org/wiki/Fundamentals_of_Information_Systems_Security/Access_Control_Systems

También permite a los administradores de seguridad agregar, cambiar o denegar privilegios de usuario en un sistema central. Su principal desventaja es que puede otorgar a un pirata informático acceso a la información una vez que se viola una técnica de certificación, como una contraseña. Debido a esto, el SSO siempre debe utilizarse con certificación multifactor.

Revisión de acceso, auditoría y derechos de usuario. La agregación de acceso es cuando a un usuario se le otorga acceso a varios sistemas. Esto puede ser deliberado, como en SSO, o accidentalmente, ya que a los usuarios se les pueden otorgar nuevos derechos de acceso una vez que comienzan sus nuevas tareas. Esto produce un desplazamiento de autorización, donde los usuarios obtienen acceso adicional sin renunciar a los antiguos. Estos derechos de acceso pueden ser compuestos con el tiempo. El acceso del usuario debe ser revisado y analizado regularmente. Se deben realizar mejoras para bloquear el acceso anterior una vez que se otorga el nuevo acceso.

Gestión de la identidad federada. La gestión de identidad federada (FIdM) o la gestión de identidad (IdM) utiliza SSO en un rango más amplio; De la organización cruzada a la escala de Internet.

Como lo define EDUCAUSE, "La administración de identidad describe las tecnologías, políticas y procedimientos que confirman las identidades de los usuarios e implementan regulaciones sobre el acceso a contenido digital". En un campus, muchos sistemas de datos, como la base de datos de la biblioteca, el correo electrónico, las aplicaciones informáticas de grid y Los sistemas de gestión de aprendizaje solicitan la certificación del usuario (nombre de usuario y contraseña). Un proceso de certificación determina qué sistemas y a qué usuario certificado se le otorga acceso. En un sistema de administración de

98

identidad empresarial, en lugar de usar diferentes credenciales para cada sistema, un usuario utiliza una identidad digital para acceder a todos los recursos para los cuales el usuario está calificado. FIdM extiende este enfoque más allá del nivel empresarial, generando una autorización segura para identidades digitales. En un sistema federado, las organizaciones involucradas comparten características de identidad basadas en estándares aprobados previamente, mejorando la certificación de otros asociados de la federación y permitiendo el acceso a los contenidos en línea. Este método simplifica el acceso a los recursos digitales al tiempo que asegura contenidos limitados.

SAML. FIdM utiliza SAML (Security Association Markup Language) o OpenID. SAML está basado en XML e intercambia datos de seguridad. Extensible Markup Language (XML) es un lenguaje de marcado que proporciona una forma estandarizada de cifrar información y archivos. SAML promueve SSO web en una escala de internet.

La identidad como servicio. La identidad es un requisito previo para administrar la integridad, la seguridad y la accesibilidad con éxito. La identidad de la nube o la identidad como un servicio (IDaaS) permite a las organizaciones reemplazar el servicio de la nube. Como todos los asuntos de seguridad, los componentes de la identidad de la nube aumentan o disminuyen.

Las cuentas de Microsoft son un ejemplo de identidad en la nube que se usa comúnmente en las organizaciones.

LDAP (Protocolo ligero de acceso a directorios). Esto proporciona un protocolo abierto que interconecta y cuestiona los datos del servicio de directorio proporcionados por los sistemas operativos de red. LDAP se usa comúnmente para servicios de identidad grandes que incluyen Active Directory. Los servicios de directorio desempeñan un papel crucial en muchas aplicaciones al revelar usuarios clave, computadoras, servicios y otros objetos para ser consultados a través de LDAP.

LDAP es el protocolo de capa de aplicación que utiliza el puerto 389 a través del protocolo de datagramas de usuario TCP (UDP). Las consultas de LDAP se pueden enviar en texto sin cifrar y están determinadas por la configuración y permiten la consulta anónima de toda / alguna información. LDAP respalda las conexiones certificadas y asegura los canales de comunicación aprovechando TLS.

Protocolos y marcos de control de acceso. Los modelos centralizados y descentralizados permiten la certificación de usuarios remotos en sistemas locales. Los protocolos utilizados para admitir este requisito incluyen RADIUS, Diameter, TACACS / TACACS +, PAP y CHAP.

RADIO. El protocolo RADIUS (servicio de usuario de acceso telefónico de autenticación remota) es una certificación de terceros. utiliza los puertos UDP 1813 (contabilidad) y 1812 (certificación). Anteriormente empleaba los puertos no oficiales de 1646 y 1645, respectivamente.

RADIUS confirma las certificaciones de un usuario contra una base de datos de certificación. Certifica a los usuarios concediéndoles a usuarios particulares acceso a datos particulares. Registra cada sesión de ventana generando una entrada de registro para cada conexión RADIUS.

Diámetro. Diámetro tiene éxito RADIO y tiene un mejor sistema de AAA. RADIUS restringe la responsabilidad, la confidencialidad y la integridad; Estas propiedades se mejoran en diámetro.

TACACS (Sistema de control de acceso del controlador de acceso de terminal) y TACACS +. El TACACS solicita el ID de usuario y la contraseña estática para su verificación. Hace uso del puerto UDP 49 así como TCP. Sin embargo, las contraseñas reutilizables resultan en menos seguridad; El TACACS + mejorado protege las contraseñas con una certificación más sólida.

TACACS + usa el puerto TCP 49. PAP (Protocolo de autenticación de contraseña) no es confidencial: la contraseña de entrada se transmite a través de la red en texto sin cifrar. Luego es recibido y certificado por el servidor PAP. El rastreo de la red puede exponer las contraseñas de texto simple.

Modelos de Control de Acceso

Los diferentes modelos de control de acceso incluyen los siguientes;

Controles de acceso discrecionales

DAC permite a los usuarios controlar totalmente los objetos a los que se les ha otorgado acceso, y también compartir los objetos con otros usuarios donde también pueden modificar o eliminar archivos. Los usuarios pueden gestionar sus propios datos. Windows OS y UNIX estándar utilizan DAC.

Controles de acceso obligatorios

Este es un modelo de administración de acceso forzado por el sistema que está determinado por la autorización del usuario y las etiquetas de un objeto, como confidencial, secreto y de alto secreto. Un objeto es accedido por un usuario solo si la autorización del usuario es igual o superior a la etiqueta del objeto. Los usuarios no pueden compartir objetos con otros usuarios con una autorización no válida, a un nivel de clasificación inferior (como de secreto a confidencial). Los sistemas MAC se basan principalmente en mantener la confidencialidad de la información.

Control de acceso no discrecional

El control de acceso basado en roles (RBAC) explica el acceso a los datos según la función del usuario. Las funciones pueden ser una enfermera, un administrador de respaldo o un técnico de soporte técnico. La función, no el usuario, determina el acceso.

RBAC es un modelo de administración de acceso no discrecional ya que los usuarios no conocen la categoría del objeto al que pueden acceder y no pueden enviar objetos a otros usuarios.

Otro modelo de control de acceso no discrecional es la gestión de acceso basada en tareas, relacionada con RBAC. Está determinado por las actividades realizadas por cada usuario, como escribir recetas o recuperar o revelar un ticket de la mesa de ayuda. Intenta solucionar el mismo problema que RBAC pero se centra en actividades predefinidas en lugar de funciones.

Controles de acceso basados en reglas

Un modelo de administración de acceso basado en reglas utiliza un conjunto de directrices, filtros y limitaciones para acceder a objetos en un sistema.

Controles de acceso dependientes del contenido y dependientes del contexto

Los controles de acceso dependientes del contenido y dependientes del contexto no se consideran en su totalidad técnicas de administración de acceso como DAC y MAC; Sólo apoyan la defensa en profundidad. Se incluyen como control suplementario en sistemas DAC.

El control de acceso dependiente del contenido proporciona criterios adicionales que la certificación e identificación.

Capítulo 6

Evaluación de seguridad y pruebas

La evaluación y las pruebas de seguridad son componentes importantes de cualquier programa de seguridad de datos. Las organizaciones deben evaluar a fondo su seguridad en el mundo real, centrándose en los componentes más importantes para realizar modificaciones relevantes.

Dos elementos principales de la evaluación son las pruebas de software que utilizan contraseñas estáticas y dinámicas y la evaluación de seguridad general (pruebas de penetración, exploración de vulnerabilidades y análisis de seguridad).

Evaluación de control de acceso

Muchas pruebas ayudan a evaluar el éxito del control de acceso. Las pruebas con un rango estrecho incluyen auditorías de seguridad, pruebas de penetración y evaluación de vulnerabilidad.

Pruebas de penetración

Una prueba de penetración es un atacante de sombrero blanco que se certifica para intentar piratear el perímetro físico o electrónico de una organización (o ambos). Las pruebas de penetración ("pruebas de pluma") determinan si los hackers de sombrero negro podrían hacer lo mismo. Aunque estrecho Son beneficiosos, particularmente con un probador de penetración eficiente.[16]

Las pruebas de penetración son:

- Red (Internet)

- Red (DMZ o interna)

- Inalámbrico

- Marcación de guerra

- Físico (intento de ingresar a una instalación o habitación)

Hacks Los hacks incluyen hacks de usuario, ataques de servidor o ataques de aplicación.

Las pruebas de conocimiento parcial son intermedias entre el conocimiento completo y el conocimiento cero; El probador de penetración obtiene información interna restringida.

Los probadores de penetración utilizan con frecuencia herramientas de prueba de penetración, que incluyen Metasploit de fuente abierta, Core Impact de fuente cerrada y Immunity Canvas. Los evaluadores de lápiz también usan herramientas personalizadas, muestras de malware y encriptaciones publicadas en la web.

Los probadores de penetración utilizan estas técnicas:

---

[16] CISSP – Adventures in the programming jungle. (2019). Recuperado de https://adriancitu.com/category/certification/cissp/page/2/

- Planificación

- Reconocimiento

- Enumeración (o escaneo)

- Evaluación de vulnerabilidad

- Explotación

- Informes

Los hackers de sombrero negro utilizan técnicas similares, aunque se hace menos planificación y se omite la presentación de informes; también cubren sus bases borrando la entrada del registro y otros signos de invasión, a veces evitan la integridad del sistema instalando puertas traseras para permitir el acceso. Un probador de penetración siempre debe salvaguardar la información y garantizar la integridad.

Antes de comenzar la prueba de penetración, se pueden ver signos de hacks viejos o nuevos exitosos. A veces, los probadores de penetración descubren que un sistema ha sido violado anteriormente. Los hackers son más maliciosos una vez descubiertos, lo que compromete la integridad del sistema y del usuario. Si la integridad del sistema del sistema se ve comprometida, una prueba de penetración se debe detener y escalar.

Finalmente, el informe final de la prueba de penetración debe tener seguridad de alto nivel, ya que su contenido puede usarse para violar el sistema.

Pruebas de vulnerabilidad

El escaneo de vulnerabilidades (o pruebas) escanea una red o sistema en busca de una lista de puntos débiles predefinidos, como la configuración incorrecta del sistema, el software caducado y la ausencia de parches. Las herramientas de prueba de vulnerabilidad incluyen Nessus y OpenVAS.

Auditorias de seguridad

Una auditoría de seguridad evalúa comparando con un estándar reconocido. Por ejemplo, las empresas se analizan para el cumplimiento del Estándar de seguridad de datos de la industria de tarjetas de pago (PCI DSS). PCI DSS incluye varios controles obligatorios, como el acceso específico a programas de administración, codificación inalámbrica y cortafuegos. Un auditor luego verifica si un sitio o compañía cumple con el estándar reconocido.

Evaluaciones de seguridad

Este es un enfoque integral para evaluar la competencia de la gestión de acceso. Existen ámbitos de evaluación de seguridad más amplios que van más allá de las pruebas de penetración o el análisis de vulnerabilidades.

El objetivo de incluir pruebas específicas como una prueba de penetración es verificar que se incluyan todos los aspectos del control de acceso.

Revisiones de registro

La evaluación de las entradas de auditoría de seguridad en un sistema de TI es una manera fácil de verificar el rendimiento de los modelos de administración de acceso.

La información obtenida de las entradas del registro de auditoría y puede ser útil; El estado actual del malware en miles de sistemas se puede conocer con precisión a partir de las entradas de antivirus obtenidas de estos sistemas. Las alertas de antivirus junto con los picos en las alertas de certificación no exitosas de los servidores, o un aumento en las barricadas salientes del cortafuegos confirma que las conjeturas de contraseña intentan acceder a una red.

Técnicas de prueba de software

Hay diferentes métodos de prueba de software. Además de probar la estabilidad y las características del software, las pruebas también detectan errores específicos del programador, lo que conduce a una violación de la integridad del sistema y la falta de verificación de límites. Las dos técnicas de evaluación de encriptaciones automáticamente son:

Pruebas estáticas y dinámicas

Las pruebas estáticas evalúan los cifrados de forma pasiva (cuando el código no se está ejecutando) Esto incluye la comprobación de la sintaxis, las evaluaciones de código y los tutoriales. Las herramientas de análisis estático evalúan el código fuente original del cifrado mientras comprueban las funciones, prácticas inseguras, bibliotecas y otras características utilizadas en los cifrados de origen.

Las pruebas dinámicas evalúan el código o la aplicación mientras se ejecuta.

Ambos métodos son adecuados y complementarios. Las herramientas de análisis estático pueden encontrar irregularidades en los cifrados que no se han implementado completamente de una manera que revela la irregularidad de las pruebas dinámicas. Sin embargo, el análisis dinámico puede encontrar retrasos en una ejecución de código en particular que no haya sido detectada por el análisis estático.

La evaluación de software de caja blanca otorga al usuario acceso a fuentes de encriptación, variables y estructuras de datos. Las pruebas de caja negra no le dan al usuario información interna; El software es como una caja negra que obtiene datos.

Matriz de trazabilidad

Se utiliza una matriz de trazabilidad, o una Matriz de trazabilidad de requisitos (RTM), para asignar los requisitos del usuario al plan de evaluación de software. Rastrea estos requisitos y garantiza su cumplimiento al vincular el uso del cliente con los ejemplos de prueba.

Transacciones sintéticas

Las transacciones sintéticas (monitoreo) incluyen la creación de herramientas, comandos o herramientas que simulan actividades implementadas en una aplicación. El objetivo del uso del monitoreo sintético es estandarizar la fuerza de la transacción. Estas transacciones pueden programarse para que funcionen a intervalos para confirmar que la aplicación aún se está ejecutando como debería. También se pueden utilizar para evaluar las actualizaciones del programa antes de la distribución para garantizar que la funcionalidad y el rendimiento no se vean afectados negativamente. Este tipo de monitoreo se utiliza comúnmente en programas web personalizados.

Niveles de prueba de software

Emplear varios métodos de prueba de software es importante, ya que evalúa varios niveles de prueba de bajo a alto.

Fuzzing

La prueba de Fuzz es una variante de la prueba de caja negra que transmite información aleatoria y mal formada como entradas en los programas de software para verificar si se bloquea. Si un programa falla después de transmitir / obtener datos no solicitados, podría haber un problema de verificación de límites y podría ser vulnerable a un hackeo de desbordamiento de búfer. Si un programa falla o se cuelga, falla la prueba fuzz.[17]

Pruebas combinatorias de software

Esta es una técnica de evaluación de caja negra que intenta identificar y evaluar cada combinación posible de entradas.

Mal uso de pruebas de casos

La evaluación de casos de uso indebido utiliza casos para programas, lo que determina cómo se clasifican las diferentes funcionalidades en una aplicación. Los casos de uso formales se construyen como un diagrama de flujo escrito por Unified Modeling Language (UML) y se estructuran para modelar funciones y comandos estándar.

El mal uso de las pruebas de casos muestra cómo se puede detectar un impacto en la seguridad al copiar la réplica de las posibles acciones del enemigo en el sistema. Esto podría verse como una variante de "caso de uso", pero el propósito de la evaluación de casos de uso indebido es detectar la falta completa de piruetas en los programas.

---

[17] Syed Ubaid Ali jafri - CISSP Exam Guide by Eric Conrad,Seth Misenar. (2019). Recuperado de http://docslide.us/education/syed-ubaid-ali-jafri-cissp-exam-guide-by-eric-conradseth-misenar.html

Análisis de cobertura de prueba

Esto busca identificar el alcance de las pruebas de código en toda la aplicación. Su objetivo es garantizar que no haya brechas, que en ausencia de pruebas podrían permitir errores o problemas de seguridad, están presentes.

Pruebas de interfaz

Las pruebas de interfaz se centran principalmente en exponer una funcionalidad adecuada, que abarca todas las formas en que los usuarios pueden interactuar con la aplicación. El objetivo es garantizar que la seguridad se aplique de manera uniforme en todas las interfaces. Este tipo de prueba evalúa los diversos vectores de ataque que un pirata informático podría aprovechar.

Capítulo 7

Operaciones de seguridad

Las operaciones de seguridad están relacionadas con las amenazas a un entorno de producción. Los agentes de amenazas son internos o externos. Las operaciones de seguridad incluyen hardware, medios, personas y datos, junto con las amenazas asociadas de cada uno.

Seguridad Administrativa

Cada compañía consta de datos, personas y un método para que las personas utilicen datos. La seguridad de las operaciones garantiza que las personas no puedan violar la confidencialidad, integridad o accesibilidad de la información / los sistemas y los medios de almacenamiento de datos de forma deliberada o accidental.

Controles de Personal Administrativo

Los controles del personal administrativo son elementos vitales de la seguridad de las operaciones que deben ser comprendidos por un candidato de CISSP. Estos son elementos dentro de la seguridad de la información que se transmiten a través de varios dominios.[18]

Mínimo privilegio o mínimo acceso necesario. El principio de privilegio mínimo es un concepto muy importante de seguridad de la información, también denominado principio de acceso mínimo necesario. Establece que "a las personas se les debe otorgar el acceso estrictamente necesario para realizar sus funciones, no más". Seguir este principio es un dogma de seguridad básico y funciona como el punto de partida para los controles administrativos.

Necesito saber. Para las compañías que manejan datos altamente confidenciales que usan control de acceso obligatorio (MAC), el sistema implementa una determinación vital de acceso en compañías con información muy sensible, determinada por los niveles de autorización del usuario y los niveles de clasificación de los objetos. Aunque el proceso de selección para alguien que accede a material muy sensible es estricto, el nivel de autorización por sí solo no es adecuado cuando se manejan datos confidenciales. El concepto de compartimentación es una expansión del principio de privilegios mínimos en entornos MAC.

La compartimentación, permite la implementación de la necesidad de conocer, se extiende más allá del nivel de autorización y requiere simplemente que alguien deba tener acceso a los datos. Considere una operación militar muy sensible; Si bien puede haber un gran número de personas, algunas pueden tener un rango más alto, solo unas pocas

---

[18] Syed Ubaid Ali jafri - CISSP Exam Guide by Eric Conrad,Seth Misenar. (2019). Retrieved from http://docslide.us/education/syed-ubaid-ali-jafri-cissp-exam-guide-by-eric-conradseth-misenar.html

"necesitarán saber" información relevante. Otras personas no "necesitan saber", por lo tanto se les niega el acceso.

Separación de tareas. Esto requiere que se necesiten varias personas para finalizar transacciones sensibles o importantes. El objetivo es garantizar que una persona no haga un uso incorrecto del acceso a la información confidencial, ya que el uso indebido ocurre de manera conjunta. La colusión es cuando los dos individuos chocan para abusar de la seguridad de la información.

Rotación de deberes. La rotación de funciones, también conocida como responsabilidades o rotación de trabajo, crea una forma para que una empresa reduzca el riesgo relacionado con alguien que tiene acceso sin restricciones. La rotación de trabajo implica que un individuo realiza un trabajo importante durante un período limitado. Diferentes problemas pueden resolverse por rotación de trabajos; Esto puede ser ilustrado por un escenario de "golpe por un bus". Imagen de un individuo en la empresa es golpeado por un camión. Si el resultado de la muerte de un individuo puede ser enorme, tal vez una forma de disminuir este impacto sería asegurarse de que haya una cobertura adicional para las responsabilidades de este individuo en caso de su ausencia o fallecimiento.

Licencia obligatoria o vacaciones. La licencia obligatoria (vacaciones forzadas) es otra actividad organizativa que es muy similar a la rotación de tareas. Si bien existen razones válidas para otorgar a los empleados licencias o ausencias de los deberes oficiales, las principales consideraciones incluyen:

1. Para reducir o prevenir los errores inducidos por el estrés.

2. Detectar los puntos débiles de los empleados mientras están lejos.

3. Detectar y prevenir el fraude

Todos estos son similares a las razones de la rotación de deberes.

Evaluación previa al empleo (verificación de antecedentes). Una serie de organizaciones que realizan verificaciones de antecedentes (evaluación previa al empleo) como medidas de control administrativo antes del empleo. Cada organización decidirá qué tan profundo está dispuesto a profundizar en el registro de un empleado potencial. Algunos pueden realizar verificaciones de antecedentes superficiales y apresuradas, como los antecedentes penales de esas personas, mientras que otros pueden ir más lejos para confirmar el historial de trabajo, las credenciales y las calificaciones anteriores, e incluso pueden solicitar los resultados de las pruebas de detección de drogas.

Un acuerdo de no divulgación (NDA). Antes de que un empleado o entidad corporativa tenga acceso a información confidencial altamente confidencial, debe firmar un formulario NDA. ¿Qué es un NDA? Este es un acuerdo contractual que asegurará que la confidencialidad de la información, mientras un empleado tiene acceso a ella, se mantendrá y nunca se divulgará a otros que no estén involucrados en el acuerdo. Asigna una responsabilidad legal a los involucrados para mantener la confidencialidad de dicha información confidencial. Quienes participan habitualmente en este tipo de acuerdos son personas que buscan empleo antes de trabajar, consultores externos, auditores, contratistas, organizaciones corporativas, miembros de la junta, etc.

La mayoría de las veces, las NDA se firman según las directivas de arriba.

Forense

Del mismo modo que tenemos el análisis forense de delitos que ayudan a recopilar información en las escenas del crimen, también tenemos el análisis forense digital. El objetivo principal de la medicina forense es evitar la modificación involuntaria del sistema. Esto es para ofrecer un enfoque estratégico para que las investigaciones y la inteligencia recopilen pruebas y, al mismo tiempo, presten cuidadosa atención a las implicaciones legales involucradas en este proceso. Esto puede incluir la preservación de la evidencia en la escena del crimen para no alterar la integridad de los datos y el entorno de la información de manera no intencional, ya que esto se considerará una violación de la evidencia.

Un análisis forense en vivo implica recopilar datos e inteligencia sobre los procesos en ejecución de un sistema, capturar fragmentos de imágenes binarias para la memoria física y recopilar datos para la conexión de red.

Análisis forense de medios

Aparte de los datos vitales capturados durante el proceso forense en vivo, la fuente principal de datos forenses son generalmente imágenes binarias de dispositivos de almacenamiento más pequeños, también conocidos como dispositivos de almacenamiento secundario. Por ejemplo: DVD, unidades flash USB, unidades de disco duro (HDD), CD y, en algunos casos, teléfonos conectados o reproductores de música portátiles (como reproductores de mp3).[19]

---

[19] What is Secondary Memory? - Definition from Techopedia. (2019). Recuperado de https://www.techopedia.com/definition/2280/secondary-memory

Red Forense (NF)

Red Forense (NF) es similar a la detección de intrusos en la red; La principal diferencia es que la intrusión de la red se ocupa de los aspectos legales, pero la red forense se ocupa de las operaciones. ¿Qué es entonces la red forense? NF es un intento estratégico destinado a estudiar datos en movimiento, mientras que con especial atención se centra en el proceso de recopilación de pruebas que podrían ser útiles en un tribunal de justicia como evidencia. Por lo tanto, la integridad de los datos no debe comprometerse ni manipularse intencionalmente o involuntariamente durante el proceso forense.

Dispositivo forense de dispositivos integrados

Durante décadas, los investigadores forenses han invertido tanto tiempo, energía y recursos financieros para adquirir conocimientos e inventar herramientas y métodos que pueden analizar dispositivos como los discos magnéticos. Sin embargo, las nuevas tecnologías, como el hardware electrónico de alta tecnología y otros ED, representan un gran desafío para los investigadores en el campo de la medicina forense digital. No hay herramientas forenses para investigar dispositivos como las unidades de estado sólido que están más allá de la comprensión de los expertos forenses.

Descubrimiento electrónico (e-DISCOVERY)

e-Discovery otorga a los asesores legales acceso a la información electrónica confidencial recopilada durante una investigación forense como uno de los procedimientos previos al juicio de un caso legal. Esto permitirá al asesor legal reunir la evidencia suficiente para construir un caso. Esto es diferente del descubrimiento regular porque e-Discovery trata con información almacenada electrónicamente (ESI) que se ha recopilado durante la investigación forense. e-Discovery podría ser una tarea tanto logística como financiera, teniendo en cuenta la gran cantidad de datos electrónicos que las organizaciones pueden tener almacenadas. Otro desafío de e-discovery es el tipo de política adoptada por dicha organización.

Para reducir o evitar por completo la carga logística y financiera de e-discovery, cada organización necesita desarrollar ciertas políticas de almacenamiento de datos, así como software diseñado para mejorar la recuperación de ESI para e-discovery. Al deliberar sobre qué políticas de retención de datos adoptar, asegúrese de que tales políticas otorguen:

1. Almacenamiento de información a largo plazo.

2. Acceso a largo plazo a la información almacenada.

3. Fácil eliminación de datos que ya no son necesarios.

Gestión de respuesta a incidentes

Existe una gran posibilidad de que todas las organizaciones enfrenten un gran desafío de seguridad en un momento u otro. Aferrándose a este hecho, debido a la certeza de incidentes de seguridad que eventualmente impactan a las organizaciones, es imperativo que cada organización se prepare con anticipación para facilitar la detección y respuesta rápidas. Por lo tanto, debe adoptarse un método bien probado, confiable y recomendado.

Metodologías

Los diferentes escritores utilizan varias terminologías para describir el proceso de respuesta a incidentes; sin embargo, esta sección se centrará en tres términos fáciles que son: contención, erradicación (mitigación) y recuperación.

Hay ocho pasos involucrados en la gestión de respuesta:

Preparación. Esto se refiere a la medida de precaución empleada antes de que ocurra un incidente. Tales medidas incluyen: capacitación del personal, listado y pegado de un procedimiento estándar de respuesta a incidentes en posiciones estratégicas, y la compra de computadoras con una aplicación de software que podría detectar malware, etc. Parte de un procedimiento de preparación debe incluir una línea de acción paso a paso que se debe tomar cuando haya un incidente. Esto se debe registrar cuidadosamente en un manual de incidentes porque, ante una crisis, habrá mucha confusión, tensión y estrés.

Detección / Identificación. La detección es uno de los pasos clave involucrados en la gestión de respuesta a incidentes. Este paso implica la identificación o el análisis de una serie de eventos para determinar si dichos eventos tienen el potencial de comprometer la seguridad de los datos almacenados o causar un incidente desagradable. Si el sistema de información incorporado de una organización tiene potencial o capacidad de detección, dicha organización es propensa a los incidentes de seguridad y una respuesta puede ser ineficaz o demasiado tarde.

Respuesta / Contención. En esta etapa, hay un incidente que necesita una respuesta urgente y el equipo de respuesta resuelve el problema en un intento de detener el incidente, así como de contener o limitar el alcance de los daños causados por el incidente. La contención puede requerir que un sistema se desconecte hasta que se detenga el incidente, se requiera el aislamiento del tráfico o se apague el sistema por completo, etc. Pero, en general, la magnitud del daño causado por el incidente determinará la respuesta. Es en este nivel que se realiza una copia de seguridad forense de los sistemas afectados, especialmente para datos volátiles.

Mitigación / Erradicación. En esta etapa, el equipo de incidentes intenta comprender el origen de la incidencia en un intento por eliminar la amenaza y restaurar el sistema a la operación completa durante la etapa de recuperación. Sin detectar la fuente de una incidencia, será difícil, si no imposible, que una organización se eleve por encima de un incidente; de lo contrario, podría haber un caso de recurrencia o persistencia que sea demasiado riesgoso. El sistema solo debe restaurarse a su funcionamiento completo solo cuando haya pruebas concretas de que se ha eliminado la amenaza. Un error común que cometen la mayoría de las organizaciones es eliminar las amenazas más visibles, como un mal funcionamiento que funciona maliciosamente, que podría no ser la causa, sino más bien un síntoma de un malware más destructivo pero insidioso.

Después de detener la amenaza, el sistema aún necesita trabajo adicional para reanudar la función operativa completa. Esto podría requerir la restauración de la información de la que se realizó una copia de seguridad en otra copia de seguridad confiable o la reconstrucción del sistema nuevamente, según el alcance del daño.

Informes. Este proceso atraviesa todas las demás etapas de la gestión de incidentes a partir de la detección. Una vez que se sospecha de una función maliciosa, la notificación debe comenzar de inmediato. Hay dos áreas de informes, estos son informes no técnicos y técnicos. Los equipos involucrados en la gestión de incidentes proporcionan un informe técnico detallado del incidente una vez que comienzan sus actividades y deben informar a la gerencia tan pronto como se detecte cualquier amenaza grave. Al tratar de abordar el incidente lo antes

120

posible, la mayoría de los equipos cometen el error de no informar a la administración y se centran solo en los aspectos técnicos. Otros individuos no técnicos, como accionistas, inversores, propietarios, etc., deben ser informados lo antes posible y deben recibir una actualización sobre los últimos desarrollos.

Recuperación. En esta etapa, el sistema se restaura a la función operativa completa. Tradicionalmente, una unidad que es responsable del uso y cuidado del sistema determinará cuándo se configurará el sistema para que esté en línea. Tenga en cuenta que es posible que la otra amenaza sobreviva a la etapa de erradicación. Por lo tanto, es imperativo que el sistema se supervise de cerca incluso después de que el sistema vuelva a estar en línea.

Remediación. Tanto la remediación como la mitigación van de la mano. La remediación implica abordar la causa del incidente, mientras que la mitigación implica reducir la extensión del daño causado por un incidente. Así, incluso después de la mitigación, la remediación continúa. Por ejemplo, si el informe del equipo del incidente muestra que se usó una contraseña robada para causar daños al sistema, la solución de mitigación podría ser cambiar la contraseña y el sistema volverá a estar en línea. Pero el procedimiento de remediación a largo plazo podría incluir el establecimiento de un sistema de seguridad de autenticación de dos factores para todos los sistemas que se pueden usar para acceder a información altamente sensible.

Lecciones aprendidas / Informes post-incidente. El objetivo de esta etapa es proporcionar un informe concluyente a la gerencia sobre la causa del incidente, cómo se manejó y las medidas adicionales que se han implementado para evitar que ocurran en el futuro. Además, el informe debería sugerir mejores formas de detectar las amenazas mucho antes, formas de mejorar las respuestas rápidas en el futuro y otras áreas que necesitan mejoras. Estas incluyen las posibles fallas de la organización que llevaron al incidente, y qué otros elementos podrían tener margen de mejora. El informe de esta fase servirá de base para la preparación futura y la lección aprendida será útil cuando se enfrente a incidentes similares en el futuro.

Análisis de la causa raíz.

Es imperativo que la organización afectada identifique los puntos débiles dentro de su sistema que el enemigo pudo explotar para prevenir o manejar de manera efectiva la ocurrencia futura. Sin detectar esto, podría haber más ataques o una recurrencia en el futuro. Además, el sistema podría iniciarse con un sistema ya comprometido que sería desastroso.

Controles Operacionales: Prevención y Detección.

Discutamos ahora varios dispositivos que podrían usarse para detectar y controlar las amenazas que son necesarias para cada organización. Algunos son bastante caros, como los antivirus, mientras que otros, como los conmutadores y enrutadores, son menos costosos.

Sistema de detección de intrusos (IDS) y Sistema de prevención de intrusos (IPS)

IDS puede detectar e identificar cualquier interferencia maliciosa, como una violación de la política, mientras que IPS está diseñado para evitar intrusiones. Los dos tipos incluyen:

- Basado en la Red

- Basado en el Host

Tipos de eventos IDS e IPS

Tenemos 4 tipos de eventos IDS, e ilustraremos estos eventos utilizando dos secuencias de uso común:

- **Verdadero positivo:** cuando un gusano se propaga a través de una red segura; NIDS marcará una señal.

- **Verdadero negativo:** cuando alguien visita un sitio sin restricciones; NIDS no da ninguna señal de peligro.

- **Falso positivo:** se produce cuando un usuario visita un sitio sin restricciones, pero el NIDS marca una seña

- **Falso negativo:** cuando un gusano se propaga a través de una red segura; pero NIDS no da ninguna señal de advertencia

Es más deseable tener resultados realmente positivos y negativos. Sin embargo, la mayoría de los IDS también detectarán resultados tanto falsos negativos como falsos positivos. Cuando hay señales de falsos positivos, se ve como una amenaza y, al final, se desperdician tiempo y recursos valiosos.

Aún así, no hay nada más desastroso que un falso evento negativo porque el tráfico malicioso se puede propagar fácilmente sin que se detecte.

NIDS y NIPS. Los NIDS son dispositivos que detectan solo el tráfico sospechoso que se encuentra en una red sin interrumpir el tráfico para el cual fue diseñado para monitorear. Podrían escanear la base de seguridad o el firewall de la red (modo de solo lectura) y luego enviar las alertas a la Administración de NIDS a través de otra red de interfaz (como una lectura / escritura).

A diferencia de NIDS, los NIPS obstruyen la transmisión de la red una vez que se detecta tráfico malicioso.

Tipos de NIPS incluyen:

- Respuesta Activa

- Respuesta en Línea

La principal diferencia entre ambos es la forma de respuesta. Por ejemplo, una respuesta activa de NIPS puede usar TCP RST o enviar ICMP a un puerto o destino de host y eventualmente derribar ese tráfico malicioso.

Por otro lado, un NIPS en línea, como su nombre lo indica, actúa como una capa formada por unos 3–7 cortafuegos que pueden permitir o evitar el tráfico.

En general, NIPS proporciona una defensa en profundidad de apoyo para complementar la función de un firewall; por lo tanto, debe considerarse un complemento de los cortafuegos y no un reemplazo. Tenga en cuenta que una alerta de falso positivo de un NIP causará más daño en comparación con un falso positivo de un NIDS; esto se debe a que incluso el tráfico legítimo se verá obstaculizado junto con los maliciosos, lo que en última instancia afectará la productividad.

Los NIPS y NIDS tienen roles separados y uno no debe considerarse como un reemplazo para otro. Además, cada una se establece en reglas diferentes, por ejemplo, NIDS tiene un conjunto de reglas complejas, mientras que NIPS está compuesto de menos reglas, por lo tanto; la mayoría de las redes utilizan NIPS y NIDS.

Sistemas de prevención de intrusos basados en host (HIPS) y sistemas de detección de intrusiones basados en host (HIDS). HIPS y HIDS como NIDS y NIPS también están basados en host. Ambos pueden procesar datos y el tráfico de red dentro del host a medida que ingresa al host.

Información de seguridad y gestión de eventos (SIEM)

La función principal de SIEM es garantizar y correlacionar los datos altamente confidenciales. Cuando los datos están correlacionados, facilita la comprensión y la detección de los diversos riesgos a los que está expuesta la organización en diversos marcos de seguridad. En general, los SIEM tienen un sistema de alertas incorporado que puede detectar información correlacionada específica, pero se puede modificar para seguir ciertas reglas de correlación para complementar la capacidad incorporada.

Prevención de la Pérdida de Datos

A pesar de la cantidad de esfuerzos y recursos dirigidos a la lucha contra las brechas de seguridad, este acto precario continúa sin cesar. Entre los brillantes esfuerzos diseñados para contrarrestar esta amenaza está el Data Loss Prevention (Prevención de la Pérdida de Datos o DLP en acrónimo en Inglés). DLP se refiere a un grupo de paquetes de seguridad que están especialmente diseñados para detectar y / o prevenir la transferencia de datos de una organización sin la debida autorización.

Puesto final de Seguridad

La mayoría de los atacantes se dirigen a los puntos finales porque los puntos finales proporcionan capas adicionales que no están bajo la protección de los dispositivos de seguridad de la red. Pero en los últimos tiempos, los nuevos tipos de puntos finales están diseñados con contramedidas de seguridad más sofisticadas en lugar del software antivirus común.

Otra característica adicional de estas modernas suites de punto final es que también pueden detectar y prevenir las comunicaciones cifradas, incluso si el cifrado fue diseñado para atacar ese punto final en particular

Software antivirus. El software antivirus es solo una capa de un sofisticado sistema de seguridad de punto final. La mayoría de los programas antivirus están programados para detectar malware basándose en ciertas firmas detectadas.

Aplicación Lista Blanca. Un nuevo invento que se ha agregado a las suites de seguridad de punto final es la lista blanca de aplicaciones. Al igual que su nombre lo indica, se proporciona un conjunto de archivos binarios al sistema de seguridad que forma la línea de base, y los archivos binarios que no están en la lista blanca no se ejecutarán. La única laguna es que una vez que un binario conocido o familiar es robado, puede ser manipulado y utilizado para atacar el sistema, creando una brecha de seguridad.

Controles de medios desmontables. Los dispositivos móviles desmontables se pueden usar como un arma para atacar y violar el sistema de seguridad de una organización. Hay dos formas de ejecutar este plan.

1. Los medios extraíbles ya infectados con malware se pueden adjuntar a las computadoras de una organización bien protegida para comprometer la seguridad de la organización.

2. En segundo lugar, se puede almacenar un gran volumen de datos en dispositivos desmontables muy pequeños y se puede utilizar malintencionadamente para extraer información altamente sensible de la base de datos.

Discos encriptados. El cifrado de disco denominado software de cifrado de disco completo es uno de los productos de seguridad de punto final más confiable que se emplea comúnmente.

Como se ve en el cifrado parcial del disco, existe el riesgo de almacenar información altamente confidencial en una parte del disco sin cifrar.

Gestión de activos

Para proporcionar una seguridad completa de los datos operativos, las organizaciones deben concentrarse en todos los aspectos que podrían causar una violación, como: Los sistemas, personas / personal, datos y medios.

La seguridad general del sistema es un componente clave que garantiza el control total de la seguridad operacional y, por lo tanto, se le debe prestar especial atención para que la seguridad del sistema proteja y prolongue la vida útil de todo el sistema.

Gestión de la configuración

La gestión de la configuración involucra actividades tales como:

- Deshabilitar servicios no esenciales.

- Desactivación de programas extraños.

- Instalación y activación de sistemas de seguridad como firewalls, antivirus y detección de intrusos, etc.

Allanamiento. La línea de base de seguridad actual que está en uso por una organización puede capturarse para uso futuro en caso de un ataque o incidente de seguridad en el futuro. Facilita la respuesta rápida y efectiva del equipo de incidentes.

Gestión de la vulnerabilidad. Se llevan a cabo verificaciones de vulnerabilidad para probar la solidez del sistema de seguridad y la vulnerabilidad de la información almacenada. Tanto la remediación como la mitigación deben efectuarse de forma inmediata según el nivel de vulnerabilidad detectado.

Continuidad de Operaciones

Acuerdos de nivel de servicio (SLA)

(SLA) son utilizados por organizaciones o departamentos que brindan servicios para determinar los pros y los contras, lo que generalmente es el tiempo aceptable de entrega del servicio, el ancho de banda, etc.

Tolerancia a fallos

Tomar provisiones para la tolerancia a fallas es muy importante si las unidades de prestación de servicios u organizaciones deben cumplir con las demandas operativas. De esa manera, siempre habrá disponibilidad de servicios a su debido tiempo.

Conjunto redundante de discos económicos (RAID). RAID está diseñado para reducir el riesgo relacionado con la falla del disco duro. Incluso cuando se utiliza un disco de respaldo para almacenar datos para la recuperación de un sistema, puede llevar mucho tiempo restaurar completamente todos los datos, por lo tanto, la necesidad de RAID.[20]

Tenemos diferentes niveles de RAID cada uno con su configuración única:

- RAID- 0: CONJUNTO DIVIDIDO: utiliza la configuración de striping que mejora las actividades generales de lectura y escritura de datos. Sin embargo, la creación de bandas evita la redundancia de datos, por lo tanto, RAID 0 no se recomienda para la recuperación de datos altamente confidenciales.

- RAID- 1: CONJUNTO ESPEJO: Esto puede duplicar (copiar) o escribir todos los datos en un disco tal como están.

- RAID- 2: CÓDIGO DE HAMMEN: Esto es prohibitivamente costoso porque necesita aproximadamente 39 o 14 discos duros, así como un controlador de hardware especial para funcionar.

- RAID- 3: CONJUNTO RAYADO CON PARIDAD DEDICADA: Esto también hace uso de la configuración del trazado en el nivel de byte para mejorar el rendimiento requerido para transferir datos a múltiples discos. Para superar el desafío de la redundancia observada en RAID 0, se utiliza un disco adicional para almacenar información de paridad en caso de que se produzca un error de recuperación.

- RAID- 4: CONJUNTO DIVIDIDO CON PARIDAD DEDICADA (NIVEL DE BLOQUEO): Esto es muy similar a

---

[20] RAID level 0, 1, 5, 6 and 10 | Advantage, disadvantage, use. (2019). Recuperado de https://www.prepressure.com/library/technology/raid

RAID 3, excepto que la eliminación de datos se produce a nivel de bloque en oposición al nivel de byte observado en RAID 3. Además, RAID 4 utiliza una unidad de paridad especial.

- RAID- 5: CONJUNTO DIVIDIDO CON PARIDAD DISTRIBUIDA: RAID 5 se encuentra entre las configuraciones de RAID más utilizadas. A diferencia de los RAID 3 y 4, RAID 5 distribuye la información de paridad a través de múltiples discos en lugar de un disco dedicado.

Las ventajas de RAID 5 incluyen:

- o Menor costo de disco por redundancia en comparación con el costo de un conjunto duplicado.

- o También tiene un mejor momento para obtener mejoras de rendimiento asociadas con RAID 0.

- o RAID 5 permite la recuperación de datos en caso de que uno de los discos falle (solo un disco no afectará su rendimiento).

- RAID- 6: CONJUNTO DIVIDIDO CON PARIDAD DE DISTRIBUCIÓN DUAL: A diferencia de RAID 5, que solo puede funcionar con una sola falla de disco, RAID 6 sigue funcionando bien a pesar de la falla de 2 unidades de disco. Esto se debe a que la redundancia se copia de la misma información de paridad y se copia en dos discos separados.

- RAID 1 +0 or RAID 10: RAID 1 + 0 o RAID 10: este es un buen ejemplo de un multi-RAID. Es la combinación de dos funciones diferentes de nivel RAID como una. La configuración de RAID 10 (o RAID 1 + 0) muestra el anidamiento de un conjunto de espejos con bandas.

Redundancia del sistema

Hardware redundante y sistemas redundantes. *El hardware interno se encuentra en componentes propensos a daños o fallas. Un buen ejemplo de un componente con sistemas de redundancia incorporados (sistema alternativo) es la unidad de potencia en caso de falla de la fuente de alimentación.*

Clústeres de alta disponibilidad (clúster de conmutación por error). *Esto utiliza múltiples sistemas interconectados, en caso de que un sistema falle, el otro continuará asegurando la disponibilidad continua de los servicios.*

El equilibrio de carga se produce en cada unidad, es decir, cada sistema del clúster HA activo-activo procesa activamente los datos antes de que se produzca un fallo del sistema. Sin embargo, esta configuración es mucho más costosa que tener una configuración activa-pasiva o en espera, en cuyo caso los sistemas de respaldo solo se activarán cuando el sistema falle.

Planificación de Continuidad de Negocio (BCP) y Planificación de Recuperación de Desastres (DRP) - Visión General y Proceso

Hay muchas ideas erróneas sobre el significado de BCP y DRP. Sin embargo, ambos términos son importantes para los candidatos CISSP, por lo tanto, es necesario arrojar más luz sobre ambos términos.[21]

---

[21] Jorrigala, Vyshnavi, "Business Continuity and Disaster Recovery Plan for Information Security" (2017). Culminating Projects in Information Assurance. 44. http://repository.stcloudstate.edu/msia_etds/44

BCP

Aunque ambos términos se usan indistintamente por algunas organizaciones, sin embargo, son conceptos diferentes. Es cierto que ambos son importantes para gestionar de manera efectiva y exitosa los eventos inesperados, sin embargo, difieren en su significado. BCP garantiza el buen funcionamiento del negocio antes, durante y después de un suceso imprevisto. BCP se enfoca en todo el negocio y asegura que las actividades comerciales continuarán con o sin un desastre.

DRP

A diferencia de BCP, se proporciona DRP para servir durante un período corto, es decir, durante una interrupción relacionada con la TI, como evitar la propagación de una infección de virus (malware) en todo el sistema. Una cosa que debe saber sobre DRP es que aborda una interrupción de TI en particular. Por lo tanto, se considera que la DRP es más estratégica que táctica, lo que proporciona una manera de salir de un incidente desagradable.

Asociación entre BCP y DRP

BCP se puede considerar como un conjunto universal con muchos subconjuntos interrelacionados que abordan un problema en particular; un buen ejemplo es el DRP.

Eventos disruptivos

Es necesario que las organizaciones prevean y luego planifiquen con anticipación los posibles eventos perturbadores. A continuación se muestra una tabla con ejemplos de posibles eventos:

Eventos Disruptivos	Tipo
Tsunami,tornado, inundación, etc.	Natural
Falla del Equipo	Ambiental
Ataque Cibernético	Humano – intencional o técnico
Interrupción del Servicio	Humano – intencional o técnico
Errores y omisiones	Humanos – no intencionales
Incendio Eléctrico	Ambiental

Proceso involucrado en la recuperación de desastres

Después de diferenciar entre DRP y BCP, analicemos ahora los pasos básicos que conducen a la recuperación después de un desastre.

Respuesta. El primer paso para el proceso de recuperación de desastres es estimar la extensión del desastre. Ayuda al equipo de gestión de desastres a saber si el incidente puede realmente considerarse un desastre. Sin embargo, esto debe hacerse tan pronto como sea posible para ayudar a mitigar el daño.

Activar equipo. Una vez que se haya confirmado que el incidente es un desastre, el siguiente paso es activar una recuperación inmediatamente. La extensión del desastre determinará el nivel de respuesta.

Comunicación. El desafío más común durante la recuperación de desastres es el problema de comunicar los comentarios al equipo central a cargo de la respuesta y recuperación. Simplemente comunicarse por teléfono no es suficiente. Además, además de recibir comentarios o actualizaciones de la administración central, el público también debe actualizarse en cuanto al estado de recuperación de la organización.

Evaluación secundaria. Además de la evaluación inicial, es imperativo realizar una evaluación exhaustiva y detallada para guiarlos sobre lo que es necesario realizar.

Reconstitución. La reconstitución está dirigida a asegurar una recuperación completa de las operaciones. Por ejemplo, si la organización decide usar un sitio alternativo temporalmente, es necesario asegurarse de que se implementen las medidas de seguridad adecuadas para garantizar la seguridad de sus clientes, pero mientras tanto, un equipo de rescate continuará trabajando en el sitio principal. Una vez que el sitio principal haya vuelto a su capacidad máxima, todas las actividades en el sitio alternativo se canalizarán de vuelta al sitio primario.

Cómo desarrollar un BCP / DRP

Al diseñar un BCP / DRP, se recomienda la plantilla de la Guía de planificación de contingencia del Instituto Nacional de Estándares y Tecnologías para Sistemas de Información Federales (NIST SP800-34).

A continuación hay algunos pasos importantes que las organizaciones podrían adoptar:

Iniciación del proyecto. Para diseñar con éxito un BCP o DRP efectivo, debe definir el alcance del proyecto y todas las partes involucradas deben examinarlo cuidadosamente y acordarlo.

Conducta BIA. Business Impact Assessment es una herramienta que emplean las organizaciones para evaluar el efecto o el impacto de una interrupción en un negocio de TI. BIA ayudará a la administración a determinar y priorizar ciertos sistemas de TI, así como componentes. Por lo tanto, durante el diseño de BCP / DRP, la administración realizará mejores planes de contingencia para dichos componentes. Por lo tanto, cualquier interrupción de cualquiera de esos sistemas o componentes de alta prioridad será desastrosa para la organización. Con BIA, un gerente de proyecto puede estimar el MTD (tiempo de inactividad máximo tolerable) para cada componente de TI. Esto determinará la respuesta del equipo de gestión de desastres, es decir, si es una respuesta de máxima prioridad o no.

Identificación de los activos críticos. Esta colección de activos de TI de máxima prioridad es fundamental para el buen funcionamiento de la organización y, como tal, debe tener el mejor DRP / BCP.

Determine el tiempo máximo de inactividad tolerable (MTD). El MTD se usa para determinar cuánto tiempo puede continuar una empresa antes de que sienta el impacto de una crisis y, por lo tanto, es un componente clave del BIA.

Hay dos componentes de MTD: Objetivo de tiempo de recuperación y Tiempo de recuperación de trabajo

Métricas de falla y recuperación. Se pueden implementar ciertas métricas para estimar la tasa de fallas del sistema y cuánto tiempo permanece el sistema en esa condición, así como cuánto tiempo tardará el sistema en recuperarse por completo. Tales métricas incluyen:

- *Objetivo de punto de recuperación (RPO).* Esta es una estimación de la cantidad total de pérdida de información que se produjo debido a una falla del sistema. Esto se puede usar para determinar la cantidad de pérdida de datos que una organización puede afrontar o soportar. Por ejemplo, si se realiza una copia de seguridad de los datos semanalmente cada viernes por la noche, pero se produjo una falla en el sistema unas horas antes, simplemente significa que el valor de RPO de la compañía = 1 semana.

El RPO, por lo tanto, es la cantidad máxima de trabajo o pérdida de datos en un momento dado debido a un evento inesperado.

- *Tiempo medio entre fallos (MTBF).* Esta es una medida cuantitativa del tiempo que tardará en funcionar un sistema nuevo o reparado antes de que falle. Por lo general, el fabricante de dichos componentes de hardware determina el MTBF.

- *Tiempo medio de reparación (MTTR).* Esto se utiliza para medir el tiempo que tardará un sistema en fallar en recuperarse y en ser completamente funcional. MTTR es necesario para asegurar la continuidad.

- *Requisitos mínimos de operación (MOR).* MOR se refiere a los requisitos básicos en términos de conectividad y condiciones ambientales que necesita cada activo o componente de TI para operar. Con el MOR de cada componente, si hay algún caso de interrupción en el futuro, los expertos en TI podrán determinar si un componente en particular seguirá funcionando a pesar de los recursos limitados (o en un entorno de emergencia).

Identificar los controles preventivos. Estas son medidas preventivas que están diseñadas para prevenir o reducir las posibilidades de incidencias disruptivas. Por ejemplo, el sistema de refrigeración en los sistemas informáticos ayuda a evitar el sobrecalentamiento y la posible falla del sistema.

Estrategia de recuperación

Después de determinar el BIA, el equipo a cargo de BCP podrá determinar el MTD. Además, con todas estas métricas a la mano, incluidos el RTO y el RPO, es posible que el equipo de BCP diseñe un proceso de recuperación estratégica.

Sitio redundante. Los sitios redundantes también se pueden llamar un sitio alternativo o de respaldo. Al igual que el sitio principal, un sitio redundante recibe datos en tiempo real y puede usarse temporalmente como sitio principal una vez que se produce una falla en el sistema o un evento perturbador que ha afectado al sitio primario sin que el usuario final note ninguna diferencia en la calidad del servicio. La única desventaja de operar un sitio redundante es que es muy caro de mantener.

Sitio caliente. Esto es similar a un sitio redundante, excepto que consta de computadoras más sofisticadas y de alta tecnología, así como también de servicios públicos, y permite la pronta reanudación de las operaciones críticas de una organización en el menor tiempo posible después de un gran desastre. El cambio podría ser incluso inferior a una hora.

Sitio cálido. Estos sitios están relacionados de alguna manera con un sitio activo en términos de hardware de computadora de alta tecnología, excepto que no recibe datos, sino que depende de datos de otros sistemas.

Sitio frío. Estos sitios son los más baratos de mantener, pero tardan mucho tiempo en recuperarse completamente después de un evento perturbador. Por ejemplo, el hardware nuevo será comprado o enviado por el fabricante. Con los sitios fríos, la MTD podría estimarse en semanas o meses en lugar de en días.

Acuerdo recíproco / mutuo. Este es un acuerdo bilateral en el que 2 organizaciones distintas se comprometen a compartir sus recursos en caso de que alguna de ellas sufra un desastre. Este acuerdo está documentado y se mantiene para un día lluvioso.

Sitio movil. Estos son centros de datos totalmente equipados dentro de un remolque remolcable y se pueden mover fácilmente en caso de que los centros primarios sufran daños como un incendio, una inundación, etc. El dispositivo móvil cuenta con una protección contra incendios bien equipada, así como con otros sistemas de seguridad física. El remolque puede ser remolcado al sitio deseado cuando sea necesario y lanzado en línea.

Otros planes relacionados

Aparte del plan de PRD que corresponde a BCP, tenemos:

Continuidad del Plan de Operaciones. COOP ilustra los pasos que deben tomarse durante un desastre para garantizar la producción continua. Por ejemplo, un personal podría ser transferido a otro sitio que acaba de experimentar un desastre y aún se encuentra en recuperación.

Plan de Recuperación Empresarial (BRP). El plan de recuperación / reanudación de negocios es un protocolo que muestra los pasos apropiados que llevarán a la restauración completa de las actividades comerciales después de un desastre. Si se usó un sitio alternativo durante la interrupción, BRP puede implicar la transferencia de operaciones al sitio reparado (el sitio principal).

BRP solo se puede utilizar después de que se haya completado el COOP.

Continuidad del Plan de Apoyo (COSP). COSP se enfoca en cómo las aplicaciones y sistemas de TI pueden ser soportados. Puede denominarse Plan de contingencia de TI, lo que demuestra que la TI es más importante que el soporte comercial real.

Plan de respuesta a incidentes cibernéticos (CRP). El CRP está diseñado para abordar eventos relacionados con el ciberespacio, como troyanos, virus informáticos, gusanos, etc., por ejemplo, un gusano que está codificado para interrumpir la red o bloquear todos los sistemas.

Plan de Emergencia para Ocupantes (OEP). OEP se enfoca en la seguridad del personal (no enfocado en TI) dentro de una oficina durante un evento que podría ser perjudicial para la salud y el bienestar general del personal o el medio ambiente, por ejemplo, durante un terremoto, un incendio, Ataque de robo, una emergencia médica, etc.

Contiene los simulacros de evacuación y seguridad (como un simulacro de incendio) que podrían salvar vidas durante una emergencia.

Plan de Manejo de Crisis. El plan de gestión de crisis está diseñado para guiar a la administración sobre qué pasos tomar y cómo manejar una crisis de manera efectiva. Asegura que la administración proteja la vida y la seguridad de cada miembro del personal en caso de un desastre.

Plan de Comunicaciones de Crisis (PCC). El CMP es un plan de comunicación que contiene las pautas sobre cómo pasar información al personal y al público en general en caso de que ocurra un desastre.

Después de un desastre, circularán muchas malas noticias o información errónea, de ahí la necesidad de un informe oficial de noticias directamente de la organización afectada a través de la oficina de relaciones públicas o de un alto funcionario.

Árboles de llamada

Un árbol de llamadas está diseñado para hacer posible que una organización se comunique fácilmente con el personal cuando hay una emergencia. Esto se hace asignando un grupo de personas a un gerente superior que es responsable de llegar a las personas a su cargo. Por ejemplo, el presidente podría diseminar información a través de los gerentes; los gerentes se comunicarán con los supervisores y los supervisores, a su vez, con el personal. Después de llegar al personal, los comentarios deben fluir hacia atrás de la misma manera hasta que vuelva al presidente.

Tenga en cuenta que durante una emergencia, las líneas telefónicas pueden no ser fácilmente accesibles, pueden estar dañadas o demasiado congestionadas y, por lo tanto, el árbol de llamadas debe contener un medio alternativo de diseminación de información.

Centro de Operaciones de Emergencia (EOC)

El EOC es un puesto de emergencia que se crea durante o inmediatamente después de una crisis. La ubicación depende de los recursos a disposición de cada organización. La EOC para algunas organizaciones bien establecidas puede ubicarse a cierta distancia de la zona de peligro para garantizar la seguridad del personal.

Copias de seguridad y disponibilidad

La razón más importante para usar copias de seguridad es poder recuperar los datos guardados después de una emergencia. Por lo tanto, es necesario revisar el proceso de recuperación para cada solución de respaldo. Se recomienda que el plan de copia de seguridad incluya un centro de almacenamiento externo donde se puedan almacenar datos de copia de seguridad vitales. Sin embargo, la ubicación fuera del sitio debe ser de fácil acceso para que los medios guardados puedan transferirse al punto donde se necesita para la recuperación.

Datos en papel

Los datos impresos son aquellos escritos en papel y no requieren procesamiento por computadora. Los datos impresos son muy útiles cuando hay un evento perturbador que afecta a todos los sistemas informáticos, así como a la interrupción de la fuente de alimentación después de complicaciones como un terremoto.

Copias de seguridad electrónicas

Estos son datos archivados electrónicamente que se podrían recuperar después de un desastre. La elección del plan de respaldo depende de los recursos de la organización, como la conectividad, el tamaño de los datos que se almacenarán y, lo más importante, el objetivo de la organización. Es importante probar el potencial de recuperación de sus copias de seguridad electrónicas antes de un desastre para conocer la capacidad de recuperación.

Copias de seguridad completas. Esto implica realizar una copia de seguridad de todos los datos de la organización en un almacenamiento de copia de seguridad. Aunque este proceso lleva mucho tiempo, garantiza la seguridad de la información vital.

Copias de seguridad incrementales. Como su nombre indica, los datos se copian de forma incremental después de una copia de seguridad incremental o completa.

Copias de seguridad diferenciales. Esto es similar a las copias de seguridad incrementales, excepto que este método selecciona qué datos se restaurarán. Por ejemplo, si hay pérdida de datos después del martes (del ejemplo anterior), lo que se requiere es:

- La última copia de seguridad completa del domingo

- El respaldo del martes

Tape Rota Técnicas de rotación de la cinta. Una de las técnicas más populares de rotación de cintas se conoce como "Primero en entrar, primero en salir" (FIFO) O ROBUND REDONDO. Si, por ejemplo, una empresa de TI realiza una copia de seguridad completa todos los días en 21 discos regrabables, significa que el disco solo podrá realizar copias de seguridad de datos durante solo tres semanas. Por lo tanto, si los datos se pierden después de la tercera semana, no habrá manera de restaurar los datos perdidos.

Para superar este desafío, se podría emplear el método del "abuelo-padre-hijo (GFS)". Todos los discos están divididos en tres grupos:

El Hijo: 7 discos diarios: una vez a la semana, un disco Hijo se convierte en un disco padre.

El padre: 4 discos semanales: después de 5 semanas, se convierte en el disco del abuelo.

El abuelo: 12 discos mensuales.

Después de probar este método durante un año, se podrían obtener datos de los últimos siete días, cuatro semanas y doce meses.

Bóveda electrónica. Esto implica el uso de transmisores electrónicos desde un sitio primario a un repositorio externo. Hay docenas de dispositivos electrónicos de bóveda que podrían usarse para transmitir y hacer copias de seguridad de datos en masa. Es útil cuando se realiza una copia de seguridad de los datos cada hora o cada día.

Diario remoto. Todas las transacciones de la base de datos se pueden almacenar en un diario de la base de datos remota (un sitio remoto que está lejos del sitio principal) y pueden ser de ayuda después de una base de datos para la recuperación de la base de datos perdida. El diario de la base de datos tiene puntos de control o punto de instantánea (puntos donde se almacenan los datos de la base de datos). Los puntos de control podrían configurarse para guardar los datos cada hora. Por lo tanto, si la base de datos se ve comprometida (en el sitio primario) 30 minutos después del último punto de control, la pérdida se podría restaurar al verificar el último punto de control (que se envió al sitio remoto) antes del compromiso y luego continuar guardando las transacciones de datos posteriores. Desde ese punto de control.

Base de datos sombreada. Este método garantiza la pronta recuperación de los datos en comparación con el registro en diario remoto. Como su nombre indica, se utilizan dos o más bases de datos idénticas (sombras) y se actualizan simultáneamente. Suponiendo que se usen dos bases de datos ocultas, una estará en el sitio principal, mientras que la otra estará fuera del sitio.

Pruebas de DRP, entrenamiento y concientización

Después de diseñar su DRP, la mayoría de las organizaciones cometen un error común de no probar el DRP / BCP ya diseñado, no capacitar a su personal sobre cómo manejar ciertas crisis y no facilitar programas de concientización general. La mayoría de los DRP se abandonan en el estante donde acumulan polvo hasta que se produce una crisis y esto puede ser desastroso.

Hay algunos puntos importantes a tener en cuenta acerca de un DRP:

1. Un DPR debe actualizarse continuamente, modificándolo lo más posible para garantizar una recuperación eficiente después de una crisis. Un DPR se completa y es un proceso continuo.

2. Durante la creación de un DRP, existe la posibilidad de cometer errores que solo podrían detectarse durante la prueba. Estos errores, si no se corrigen, pueden hacer que la

recuperación sea un desafío, de ahí la necesidad de pruebas y actualizaciones periódicas.

3. Además, todos los miembros del personal deben estar familiarizados con ciertas operaciones complejas que fueron diseñadas por los mejores administradores. Durante una crisis, es posible que los administradores no estén disponibles para ejecutar algunos procedimientos complejos. Por lo tanto, es necesario que todo el personal esté demasiado familiarizado con los procedimientos establecidos en el DRP.

4. Se debe hacer especial hincapié en:

- El rol del usuario general en el DRP.

- La seguridad del personal así como las operaciones comerciales durante un desastre.

Prueba tu DRP.

No se puede decir que un DRP sea viable a menos que se haya probado y se haya encontrado que recupera eficientemente los datos perdidos. El cambio es un factor constante en todas las organizaciones, por lo tanto, si se realizan cambios o reemplazos a un componente de software o hardware, el DPR también debe ajustarse en consecuencia.

Revise su DRP

Después de compilar el DRP, es imperativo leerlo para asegurarse de que esté completo y cubra todos los aspectos. La revisión es un paso clave en las pruebas de DRP y generalmente es realizada por quienes inventaron el esquema y se requiere que cada miembro del equipo lo revise para asegurarse de que esté completo y sin errores.

Read-Through

This is a form of checklist testing that ensures that all the important components necessary for an efficient and successful recovery are available at all times in case of a disaster. For instance, the tapes required for backup at a remote site should be continually updated to make sure the latest information or data is backed up.

Sobremesa o tutorial

El tutorial generalmente se realiza junto con las pruebas de lectura a través (lista de verificación) del ejercicio de mesa o tutorial. Esto simplemente significa que el equipo realizará una revisión superficial de la manera estructurada de DRP sin profundizar para detectar omisiones obvias antes de realizar una revisión en profundidad (o una lectura completa).

Simulación de prueba / tutorial

Esta etapa nos lleva un paso más allá del ejercicio de sobremesa. Se simula una crisis de la vida real, y se espera que los miembros del equipo prueben los procedimientos descritos en el DRP. Al principio, se simula una crisis menor y, si se maneja con éxito, se creará una crisis más compleja.

Interrupción parcial y completa de negocios

Como sugiere su nombre, hay una interrupción parcial o completa de las actividades comerciales críticas de la organización en el sitio principal durante el ejercicio de prueba. Esta es la forma más alta de todas las pruebas de DRP. Cuando las actividades comerciales se interrumpen en el sitio principal, las instalaciones alternativas se aprovecharán. Este tipo de prueba generalmente la llevan a cabo organizaciones que practican operaciones totalmente redundantes o de equilibrio de carga.

Mantenimiento continuado de DRP / BCP

Incluso después de probar, capacitar e implementar el plan DRP / BCP, incluso después de probar, capacitar e implementar el plan DRP / BCP, aún es necesario que las empresas de TI actualicen la información sin importar cuán pequeños sean los cambios realizados. Esto exige la necesidad de que todos los profesionales se adapten al mundo siempre cambiante de la tecnología de la información. sigue siendo necesario para que las empresas de TI actualicen la información, sin importar cuán pequeños sean los cambios realizados. Esto exige la necesidad de que todos los profesionales se adapten al mundo siempre cambiante de la tecnología de la información.

Gestión del cambio

Esto tiene que ver con mantener un registro de todos los cambios que ocurren dentro de una organización. Esto incluye documentar toda la aprobación formal para cambios tangibles, así como también hacer un seguimiento de los resultados del cambio completado. Todos estos deben ser reportados y guardados de manera segura.

Fallas de BCP y DRP

BCP y DRP son los últimos recursos y la última esperanza de una organización. La falla de estos dos componentes podría llevar a la falla completa de la empresa.

Es, por lo tanto, el deber del equipo de BCP garantizar que no se cometan errores durante el proceso de planificación. Una evaluación honesta del BCP ayudará al equipo a corregir o evitar tales errores.[22]

Modelo específico de BCP y DRP

Hay una serie de terminologías confusas asociadas con varios modelos de BCP / DRP. Sin embargo, a continuación hay una lista de los marcos de BCP / DRP recomendados:

NIST SP 800-34. La publicación 800-34 Rev. 1 del Instituto Nacional de Estándares y Tecnología (NIST) contiene la Guía de planificación de contingencia para sistemas de información federales.

ISO / IEC-27031. El ISO / IEC-27031 es una de las últimas directrices de la serie ISO 27000. Contiene directrices sobre BCP.

British Standards Institution (BSI) -25999 y ISO 22301

BSI: El BS-25999 se compone de dos partes:

- Parte 1: Esta contiene:

    o El Código de práctica,

    o Proporciona la gestión de la continuidad del negocio,

    o Y las mejores recomendaciones prácticas.

---

[22] Syed Ubaid Ali jafri - CISSP Exam Guide by Eric Conrad,Seth Misenar. (2019). Recuperado de http://docslide.us/education/syed-ubaid-ali-jafri-cissp-exam-guide-by-eric-conradseth-misenar.html

- Parte 2: Esto proporciona requisitos específicos para el BCMS (Sistema de Gestión de Continuidad del Negocio) y estos se basan en las mejores prácticas de BCM.

La norma ISO 22301: 2012 ha reemplazado a la norma BS-25999-2, que es la seguridad de la sociedad, sistemas de gestión de la continuidad del negocio, requisitos. En breve, la norma ISO 22301 también reemplazará a la BS 25999-2 británica inicial y aprovechará la norma y el éxito del sistema de fundamentos.

La BS ISO 22301 contiene requisitos específicos que son necesarios para el establecimiento y la gestión efectiva de un BCMS por parte de cualquier organización, independientemente de su tamaño o tipo. El BSI sugiere que cada organización debe tener un sistema o un plan de respaldo preparado para evitar el desperdicio excesivo de tiempo y la pérdida de productividad en caso de un desastre.

El Instituto de Continuidad de Negocios (BCI)

El BCI lanzó un GPG (Guía de buenas prácticas) de 6 pasos, que se actualizó por última vez en 2013.

"El GPG representa la tendencia global del razonamiento en un buen negocio y también es un cuerpo de conocimiento independiente para una buena práctica de continuidad de negocio a nivel mundial".

Capítulo 8

Seguridad del desarrollo de software

En todo el mundo, ha habido un aumento repentino en el desarrollo y uso del software. Dondequiera que vayamos, encontramos un dispositivo u otro que hace uso de software como computadoras, teléfonos, automóviles, televisión, videojuegos, etc.

Un desafío importante al que nos enfrentamos es la tendencia de los programadores de software a cometer errores que podrían ser muy costosos. Por ejemplo, si un automóvil que está controlado por sistemas de conexión por cable conectados a Internet es pirateado, significa que el pirata informático tendrá el control total del vehículo y podría causar daños al ocupante.

Por lo tanto, existe una mayor necesidad de que los desarrolladores de software creen un software robusto y seguro que sea confiable. Discutamos ahora algunos aspectos básicos de la programación, así como varios lenguajes informáticos, vulnerabilidades del software, etc.

Concepto de programación

Código de máquina, código fuente y ensambladores

Código de máquina: este es el lenguaje que la computadora entiende y la forma en que la CPU (unidad central de procesamiento) procesa la información. Los códigos de máquina están en binario utilizando una serie de 0s y 1s que cuando se combinan de una manera particular darán instrucciones específicas a la CPU.

Código fuente: este es un comando de lenguaje de programación escrito en texto que es comprensible para los humanos y que luego se traduce en códigos de máquina (binario) antes de que la CPU pueda ejecutar el comando / instrucción codificados.

Sin embargo, hay idiomas de alto nivel escritos en inglés, por ejemplo, 'printf' = impresión formateada.

Lenguaje ensamblador: este lenguaje está codificado en formas breves, como el uso de mnemotécnicas, para dar instrucciones o instancias: "DIV", (división), "SUB" (restar), "AGREGAR", etc. Se les conoce como bajo lenguajes de nivel y requerirá un ensamblador para convertir el lenguaje ensamblador en un lenguaje de máquina. Además, se puede usar un desensamblador para convertir el lenguaje de máquina a un lenguaje ensamblador.

Compiladores, Intérpretes y Bytecode

Tanto los compiladores como los intérpretes realizan la misma función pero utilizan diferentes enfoques. Un compilador como Basic compilará un código fuente desde el principio hasta el final antes de convertirlo en un código de máquina. Sin embargo, un intérprete (como el código de shell) convertirá el código fuente en códigos de

151

máquina línea por línea cada vez que ejecute el programa. Otro ejemplo de un código interpretado es el código de bytes de Java que funciona como intermediario. Primero, los códigos de origen se convierten de los códigos de origen al Bytecode antes de que se conviertan en códigos de máquina mediante una máquina virtual de Java que es una plataforma independiente antes de que pueda ejecutarse en la CPU.

Ingeniería de software asistida por computadora (CASE)

CASE utiliza otros programas para facilitar la creación y el mantenimiento de otros programas informáticos de software. CASE ha sido de gran ayuda para los programadores.

Básicamente, tenemos 3 tipos de software CASE:

- **Herramientas:** realiza una tarea específica durante la producción de software.

- **Bancos de trabajo**: combina varias herramientas en una aplicación, por lo que admite más de un proceso de software.

- **Entornos:** esta es una colección de herramientas (o una mesa de trabajo) y puede soportar todo o parte de las actividades de producción de software

Los componentes CASE más utilizados incluyen: lenguajes orientados a objetos, lenguajes informáticos de 4ta generación (4G), etc.

Tipos de software de lanzamiento público

Después de escribir un programa de software diseñado para el consumo público, se puede lanzar con / sin el código fuente bajo diferentes licencias.

Software de código abierto y de código cerrado

- **Software de código cerrado:** como su nombre lo indica, el código fuente está oculto mientras que el software se lanza solo en forma ejecutable. Los ejemplos incluyen Microsoft Windows 10, Oracle, etc.

- **Software de código abierto:** A diferencia del código fuente cerrado, los códigos fuente de este software se publican y publican al público. Algunos ejemplos son Linux, el servidor web Apache, etc.

- **Software propietario:** están protegidos por las leyes de patentes o derechos de autor, ya que son propiedades intelectuales de otros programadores.

Software libre, Shareware y Crippleware

- **Software libre:** este término tiene diferentes significados para diferentes personas. Algunos opinan que free significa que son libres de modificar el software (conocido como libre como en libertad), mientras que otros creen que los usuarios tienen acceso para usar la aplicación sin pagar por ella (que se denomina gratis).

- **Shareware:** Simplemente significa que el usuario tiene licencia para tener acceso al software por un período de tiempo limitado (por ejemplo, 30 días) después de lo cual el usuario deberá pagar una tarifa para renovar su licencia.

- **Crippleware:** Vienen en un formato parcialmente bloqueado y los usuarios deben pagar una tarifa para desbloquear el software para tener acceso a su funcionalidad completa.

Métodos de desarrollo de aplicaciones

La creciente dependencia de los programas de software, así como la dura competencia entre los programadores de software, ha facilitado la necesidad de colaboración y espíritu de equipo entre los desarrolladores. Por lo tanto, existe la necesidad de una gestión coordinada basada en el proyecto, un modelo de proyecto estructurado, metas, objetivos, comunicación del equipo, evaluación frecuente e informes de los progresos realizados hasta el momento; así como el informe final de resultados.

Modelo Cascada

Este es un modelo paso a paso en el que los desarrolladores completan un paso y pasan al siguiente. Este modelo podría ser un modelo modificado o un modelo no modificado.

Modelo cascada modificada: esto le permite al desarrollador la oportunidad de volver a un paso anterior en caso de que haya un error que haya que corregir.

Modelo cascada no modificada: una vez que el desarrollador pasa al siguiente paso, no puede retroceder para la validación o verificación.

Modelo Sashimi

Este modelo viene de una comida japonesa que consiste en rebanadas de pescado crudo. Se puede ver como una modificación del modelo cascada y también se puede llamar cascada de sashimi. Fue modelado después del diseño de hardware de Fuji-Xerox.

Desarrollo Ágil de Software

Este software fue desarrollado para superar los desafíos que se presentan al usar modelos de software rígidos como los modelos de cascada. Agile utiliza modelos como Scrum y XP. Agile es una colección de conceptos modernos como la mejora de la flexibilidad, la pronta respuesta con pequeños logros, la comunicación sólida del equipo y más compromisos con los clientes.

Scrum. fue desarrollado como un modelo Agile y el nombre se deriva del deporte del rugby. El juego recientemente desarrollado por Ikujiro y Takeuchi fue diseñado para reemplazar el enfoque anterior del modelo de cascada, que era más como una carrera de relevos en la que, después de que un equipo completa una tarea, se la entregan al siguiente equipo. Según ellos, ellos dirían "detiene la maratón y juega al rugby". En el juego de rugby, la pelota puede ser lanzada de un lado a otro entre los miembros del equipo. Esto simplemente significa que el próximo equipo no necesita esperar hasta que el otro equipo complete su tarea, en lugar de eso, podrían alternar tareas entre ellos. Peter DeGrace (del diseño de sashimi) nombró este método como Scrum y él lo describió en relación con la creación y diseño de software.

- El Scrums = pequeñas unidades de desarrolladores (conocido como Scrum Team).

- El Scrum Master = un miembro senior de la organización (el entrenador del equipo), y brinda su apoyo para el Equipo Scrum.

- El propietario = la voz de la unidad de negocio.

Este enfoque era necesario si una organización tenía que mantenerse competitiva y satisfacer las demandas del mercado.

Programación Extrema (XP). La programación extrema también está diseñada utilizando un método de desarrollo Agile. Este método requiere pares de programadores que trabajen en un detalle específico del producto. También hay un alto grado de participación del cliente.

XP mejora el desarrollo de software en 5 formas importantes:

- **Comunicación:** se comunican a menudo con los coprogramadores y con los clientes.

- **Simplicidad:** los diseños se mantienen simples y ordenados.

- **Respeto:** se ganan el respeto de sus clientes al entregar el producto con prontitud e implementar sugerencias.

- **Coraje:** desarrollan el coraje de probar algo nuevo.

- **Comentarios:** la prueba del producto comienza desde el primer día y se recopilan comentarios.

Las actividades principales de XP incluyen:

1. **Planificación:** Esto implica ciertos detalles como las especificaciones del producto y el tiempo que tomará completar el desarrollo del software.

2. **Programación pareada:** Trabajo en equipo en parejas.

3. **Semana laboral de 4 horas:** el tiempo asumido desde la etapa de planificación debe ser lo suficientemente bueno como para determinar las horas totales que se requerirán para la finalización del proyecto. También ayudará al equipo a saber si será necesario trabajar horas extras.

4. **Participación del cliente:** el cliente siempre estará presente para supervisar el proyecto cuidadosamente.

5. **Procedimientos de prueba detallados:** A menudo esto se conoce como pruebas unitarias

Éspiral

Este método está diseñado para minimizar el error tanto como sea posible. Como su nombre indica, las tareas más pequeñas se llevan a cabo primero y gradualmente, hay una expansión hacia afuera para tareas más complejas. Sin embargo, cada etapa se repite antes de pasar a la siguiente tarea, y también se lleva a cabo un análisis de riesgos como una forma de detectar cualquier falla en el proceso de desarrollo, lo que mitiga el riesgo general. Además, cualquiera de los métodos mencionados anteriormente podría implementarse en cualquiera de las etapas, por ejemplo, la cascada modificada, el sashimi, etc.

Desarrollo rápido de aplicaciones (RAD)

RAD se ha desarrollado para satisfacer el aumento de la demanda en el mundo del desarrollo de software en el menor tiempo posible utilizando una base de datos back-end, prototipos, etc. En este método, los clientes también están muy involucrados.

Ciclo de vida de desarrollo del sistema (SDLC)

El SDLC, también conocido como el ciclo de vida del sistema, es ampliamente utilizado por varias compañías de TI, y su objetivo principal es garantizar la seguridad de un sistema de desarrollo de software.

Equipos Integrados de Productos (IPT)

IPT es una integración de individuos multidisciplinarios involucrados en todo el ciclo de vida del proyecto, como los encargados del diseño, la producción, las pruebas y la evaluación, el envío y otras actividades necesarias para el éxito del proyecto, incluido el cliente.

IPT es un método ágil y el procedimiento jerárquico tradicional en el que la administración superior da instrucciones que no son seguidas por el IPT. En IPT, la alta dirección está muy involucrada en todo el proceso.

Software de depósito de garantía

Este proceso implica un acuerdo entre tres partes:

- El proveedor del Software

- El cliente

- Y una parte neutral que almacena el código fuente del software.

Este acuerdo es alcanzado principalmente por el cliente y el proveedor como una forma de proteger el código fuente. El proveedor puede querer mantener el código fuente en secreto mientras que el cliente puede temer que el código fuente se pierda (o quede huérfano) si hay un incidente. Por lo tanto, el tercero almacena el código como una copia de seguridad.

Código de seguridad del repositorio

El repositorio del código podría ser propiedad del desarrollador o de un tercero, como * GitHub. Lo más importante es que se debe garantizar la seguridad de los códigos fuentes guardadas.

Los terceros plantean problemas de seguridad adicionales y proporcionan controles de seguridad adicionales, como

1. Seguridad del sistema.

2. Sistema de archivos y copias de seguridad.

3. Mantener la seguridad.

4. Seguridad de la tarjeta de crédito.

5. Comunicaciones Seguras

6. Seguridad operacional

7. Acceso Personal

8. Protección del Software

*(http://www.github.com)

Seguridad de la Programación de Aplicaciones

API es una aplicación que permite la comunicación con otras aplicaciones o bases de datos, redes o sistemas operativos. Por ejemplo, la API de Google Maps puede integrar contenido de terceros, como una escuela que se encuentra dentro de un área determinada en Google Maps.

Gestión de cambios y configuración de software

Administración de cambios de software: proporciona un modelo para administrar los cambios realizados en los programas durante el proceso de desarrollo, mantenimiento y cuando están desactualizados. Ciertas organizaciones consideran este proceso una disciplina.

Gestión de la configuración: puede hacer un seguimiento de los cambios realizados en una parte específica del software, como los cambios realizados en un sistema de gestión de contenido, la configuración específica dentro del software, etc.

En términos más amplios, la gestión de cambios rastrea los cambios realizados en todo el programa de desarrollo de software. La administración de la configuración y la administración de cambios están diseñadas para proteger la información confidencial cuando se realizan cambios y para garantizar que dichos cambios se realicen de manera ordenada.

DevOps

DevOps es un método de programación ágil (como Scrum y Sashimi) que implica el desarrollo y la operación del software. En este ciclo, el desarrollador está totalmente involucrado en todo el proceso.

Los métodos tradicionales de desarrollo de software separaron al desarrollador del equipo de producción. El equipo de control de calidad (QA) actúa como intermediario entre ambos. Después de desarrollar el software, el equipo de control de calidad lo probará para confirmar si es funcional y si se puede producir en masa antes de entregarlo al equipo de producción. DevOps, por lo tanto, cierra la brecha entre los desarrolladores y el equipo de producción.

Bases de datos

Una base de datos es una matriz o colección de datos estrechamente relacionados donde los datos pueden modificarse fácilmente. Facilita las actualizaciones (inserciones), la eliminación (eliminación), las consultas (búsquedas) y otras actividades. El sistema de administración de bases de datos (DBMS) está bajo el control de un administrador y puede usarse para garantizar el control de acceso y la seguridad de la base de datos. SQL (lenguaje de consulta estructurado) se utiliza para buscar información en una base de datos.

Cuando se usan múltiples bases de datos, hay mayores posibilidades de comprometer la integridad, así como la confidencialidad de los datos almacenados.

Claves extranjeras

Esto se refiere a una clave en una tabla de base de datos que es similar a una clave primaria en una tabla de base de datos principal.

Normalización de la base de datos

Esto asegura la normalización de que los datos en una tabla de base de datos son consistentes, organizados y lógicamente precisos. La normalización elimina la redundancia de datos y mejora la disponibilidad y la integridad de la base de datos.

Vistas de la base de datos

Las vistas de la base de datos se refieren a los resultados obtenidos al consultar o buscar en una tabla de base de datos que se puede consultar; Los resultados de una consulta se denominan una vista de base de datos.

Lenguajes de consulta de base de datos

Los lenguajes de consulta de la base de datos constan de un mínimo de dos comandos:

1. Las funciones del lenguaje de definición de datos (DDL) incluyen: crear tablas y modificar y eliminar tablas.

2. Funciones de lenguaje de manipulación de datos (DML): para consultar y actualizar tablas guardadas anteriormente.

Bases de datos orientadas a objetos

Las bases de datos tradicionalmente contienen datos pasivos, sin embargo, las bases de datos orientadas a objetos combinan funciones (código) y datos en un marco orientado a objetos.

Integridad de la base de datos

Se debe garantizar la integridad de todos los datos en una base de datos para evitar alteraciones no autorizadas de los datos almacenados. El intento simultáneo de modificar los datos es uno de los principales desafíos que se han observado para afectar la integridad de la base de datos.

Sombreado y replicación de bases de datos

Sombreado: esto es similar a una base de datos replicada, pero las únicas diferencias son que todos los cambios realizados en la base de datos primaria afectarán a todas las bases de datos replicadas, y los clientes no pueden alterar los datos ni realizar cambios, ya que no tienen acceso a la sombra (todos las modificaciones de los datos solo pueden ser realizadas por el administrador principal, es de una manera).

Replicación de la base de datos: aunque la replicación de una base de datos en varios servidores garantiza que todos los datos guardados se puedan recuperar en caso de que la base de datos principal se vea comprometida. Sin embargo, el cuestiona la integridad de la información en la base de datos.

Una réplica de una base de datos es exactamente como una base de datos en vivo, y permite la modificación simultánea de los clientes en la base de datos replicada. Para superar el desafío del compromiso de integridad, se puede usar una confirmación de dos fases o multifase.

Depósito de datos / Almacén y minería de datos

Almacén de datos: un almacén de datos contiene una gran colección de datos; los datos almacenados pueden ser tan grandes como varios terabytes (1024 gigabytes) o petabytes (1024 terabytes). Por lo tanto, existe una necesidad constante de una gran capacidad de almacenamiento con un rendimiento óptimo que permita un fácil acceso a los datos almacenados.

Minería de datos: se utiliza para buscar en los datos almacenados buscando patrones específicos, como signos de fraude. Las compañías de tarjetas de crédito administran los almacenes de datos más grandes del mundo y rastrean miles de millones de transacciones en línea cada año, ya que las transacciones fraudulentas les cuestan millones de dólares. Será difícil, si no imposible, que los humanos realicen un seguimiento de todas estas transacciones, de ahí la necesidad de monitorear las transacciones mediante la minería de datos, que puede separar las señales de fraude del ruido aleatorio.

Uno de los patrones seguidos es el uso de una sola tarjeta para realizar múltiples transacciones simultáneamente en diferentes estados o países. Si se detecta esto, el sistema marcará una señal de violación y el propietario de la tarjeta será contactado de inmediato por teléfono o se suspenderá la tarjeta.

Programación Orientada a Objetos (OOP)

Con la OOP, ciertas funciones (como enviar o recibir un mensaje) están ocultas dentro de un objeto (también conocido como una caja negra). Esto protege los datos de los usuarios de ser comprometidos.

Conceptos de programación orientada a objetos de la piedra angular (COOPC)

COOPC también usa objetos, pero es más complejo que el OOP. Consta de las siguientes características, cada una de las cuales utilizará un objeto llamado ADDY (función: adición de dos enteros)

Herencia: ADDY o la adición hereda su función de las operaciones matemáticas normales (consideradas como el padre)

Delegación: si se solicita una función que no realiza, puede delegarla a otros objetos que pueden realizar esa función.

Polimorfismo: permite a ADDY unir dos cadenas, por ejemplo, entero + entero.

Polyinstanciación: esta función es necesaria cuando ingresa dos objetos que tienen el mismo nombre pero realizan diferentes funciones, es decir, varias instancias (polyinstanciación).

Se puede utilizar la poli-instanciación para ocultar los datos del perfil superior.

Corredores de solicitud de objetos (ORB)

Estos son los motores de búsqueda utilizados para localizar objetos. Sirven como interfase de aplicación y conectan un programa al otro. Ejemplos de ORBs comúnmente usados son:

- CORBA
- DCOM
- COM

Evaluación de la efectividad de la seguridad del software

Después de completar un diseño de software, es necesario probar el software para determinar su capacidad para realizar la (s) función (es) esperada (s), así como para detectar cualquier falla o vulnerabilidad que pueda llevar al sistema a comprometer todo el programa. También es necesario probar el software como un medio para medir su efectividad y ver áreas que necesitan mejoras.

Vulnerabilidades del software

Nadie es perfecto, y eso incluye a los programadores que también son propensos a cometer errores al desarrollar un programa. A pesar de muchos años de experiencia, es probable que se cometan errores. Aunque, la cantidad de errores por línea se puede reducir, nunca se puede evitar por completo.

Algunos tipos comunes de vulnerabilidades de software incluyen:[23]

1. **Credenciales codificadas:** Esto ocurre cuando el programador se olvida de borrar el nombre de usuario o las contraseñas de puerta trasera utilizadas al desarrollar el código.

2. **Desbordamiento de búfer:** El programador no puede realizar la verificación de los límites variables. Esto se puede usar para insertar y ejecutar códigos de shell como UNIX / LINUX Shell o Microsoft Windows cmd.exe. Para evitar esto, use desarrollos de aplicaciones seguras que realicen la verificación de límites.

3. **Inyección de SQL:** cuando se utiliza el servidor de aplicaciones para usuario para manipular un SQL de servicio de fondo debido a errores de los programadores.

4. **Recorrido de la ruta del directorio: pasar de la base de un servidor web (como www) a un sistema de archivos simplemente haciendo referencia a directorios como "/".**

5. **PHP Remote File Inclusion (RFI):** esto se puede hacer modificando las URL habituales de PHP y las variables, por ejemplo, como "http://fine.example.com?file=readme.txt" y agregando contenido remoto adicional me gusta

---

[23] Syed Ubaid Ali jafri - CISSP Exam Guide by Eric Conrad,Seth Misenar. (2019) Recuperado de http://docslide.us/education/syed-ubaid-ali-jafri-cissp-exam-guide-by-eric-conradseth-misenar.html

http://fine.example.com?file=http://bad.example.com/bad.php1 4

6. **Condiciones de carrera del Tiempo de verificación (TOC) / Tiempo de uso (TOU):** el atacante intenta realizar ciertos cambios en la condición normal capitalizando un cambio en el estado del sistema operativo.

7. **Secuencias de comandos entre sitios (XSS) y falsificación de solicitudes entre sitios (CSRF o XSRF):** aprovecha el uso de secuencias de comandos web de terceros (por ejemplo, JavaScript) dentro de un contexto confiable de un sitio seguro.

CSRF o XSRF dependen del contenido estático o de una redirección del tercero dentro del contexto de seguridad de un sitio seguro. La principal diferencia es que XSS ejecutará scripts dentro de un contexto confiable.

8. **Escalamiento de privilegios:** esto ocurre cuando un programa está mal codificado, lo que le da a un atacante un acceso adicional de acceso limitado.

9. **Puertas traseras: son accesos directos que permiten a un atacante omitir todos los puntos de control de seguridad (por ejemplo, nombre de usuario / contraseña) que se colocaron para proteger el sistema y evitar que se vea comprometido.**

Revelación

Esto describe lo que ocurre después de que un proveedor realiza una verificación de vulnerabilidad en el software y descubre ciertas lagunas. La revelación puede ser:

- Revelación completa: en la que se hacen públicos los detalles de la vulnerabilidad.

- Revelación responsable: en la que los detalles de la vulnerabilidad se mantienen privados hasta que se realicen los ajustes necesarios y estén disponibles antes de informar al público.

Modelo de madurez de capacidad de software (CMM)

Fue diseñado y desarrollado por el Instituto de Ingeniería de Software, Universidad Carnegie Mellon. Puede utilizarse para mejorar el proceso de desarrollo de software, así como para evaluar el marco de madurez de los softwares.

Test de aceptación

De acuerdo con ISTQB (International Software Testing Qualifications Board, o Junta Internacional de Calificación de Pruebas de Software en español), las pruebas de aceptación se definen como "un proceso de prueba formal realizado con respecto a las necesidades, requisitos y especificaciones del cliente".

Estas pruebas se realizan para garantizar que los diseños de software cumplan con los distintos requisitos de un usuario, cliente, contrato o principios de cumplimiento.

Software comercial disponible (COTS)

Las reclamaciones de los proveedores son más fácilmente verificables para el software comercial "Off-The-Shelf" (COTS). Si desea comprar COTS, no confíe en la información de los proveedores, sino realice una prueba general comparándola con un producto que cumpla con los requisitos básicos.

Aplicaciones de terceros desarrolladas a medida (CDTPA)

Una mejor alternativa que puede usarse en lugar de COTS es el uso de CDTPA. CDTPA proporciona tanto beneficios adicionales como riesgos adicionales que COTS. Es necesario obligar a las consideraciones de seguridad al garantizar que exista un acuerdo contractual o de nivel de servicio (SLA) cuando esté involucrada una empresa de desarrollo de terceros y nunca suponer que se considerarán los problemas de seguridad durante el desarrollo. El tema de la seguridad debe ser discutido y resuelto cuidadosamente antes de entrar en un contrato con el tercero. Algunas preguntas que requieren consideraciones serias incluyen:

- ¿Qué sucederá si el proveedor se queda sin negocio?

- ¿Qué sucederá si falta una característica clave?

- ¿Qué tan fácil será encontrar un soporte interno o de terceros para los productos del proveedor?

Bibliografía

Andress, J. (2011). The basics of information security. Waltham, MA: Syngress.

CISSP – Adventures in the programming jungle. (2019). Retrieved from https://adriancitu.com/category/certification/cissp/page/2/

Commanments_of_Computer_Ethics.htm.

Common Cryptographic Algorithms. (2019). Retrieved from http://web.deu.edu.tr/doc/oreily/networking/puis/ch06_04.htm

Conrad, E., Misenar, S., & Feldman, J. (2017). Domain 1. Eleventh Hour CISSP®, 1-32. doi: 10.1016/b978-0-12-811248-9.00001-2

Downnard, I. (2002). Public-key cryptography extensions into Kerberos. IEEE Potentials, 21(5), 30-34. doi: 10.1109/mp.2002.1166623

Fundamentals of Information Systems Security/Access Control Systems - Wikibooks, open books for an open world. (2019). Retrieved from https://en.wikibooks.org/wiki/Fundamentals_of_Information_Systems_Security/Access_Control_Systems

Garfinkel, S., Schwartz, A., & Spafford, G. (2003). Practical Unix and Internet security. Beijing: O'Reilly.

Grasdal, M. (2017). Microsoft® U.S. National Security Team White Paper. Retrieved from http://download.microsoft.com/download/d/3/6/d36a0a81-6aa8-4ff4-835e-9a017df1f036/SecureCollaborationForProfSvcFirms.doc

https://docslide.us/education/syed-ubaid-ali-jafri-cissp-exam-guide-by-eric-conradseth-misenar.html

Information Asset and Security Classification Procedure - University of Southern Queensland. (2019). Retrieved from https://policy.usq.edu.au/documents/13931PL

Information Security Chapter 5 Flashcards | Quizlet. (2019). Retrieved from https://quizlet.com/37179514/information-security-chapter-5-flash-cards/

Information Security Risk Management. (2019). Retrieved from http://isoconsultantpune.com/information-security-risk-management/

Jorrigala, Vyshnavi, "Business Continuity and Disaster Recovery Plan for Information Security" (2017). Culminating Projects in Information Assurance. 44. http://repository.stcloudstate.edu/msia_etds/44

Kabay, M. (2006). Introduction to Computer Crime. Retrieved from http://www.mekabay.com/overviews/crime.pdf

Marco, H., Ripoll, I., de Andrés, D., & Ruiz, J. (2014). Security through Emulation-Based Processor Diversification. Emerging Trends In ICT Security, 335-357. doi: 10.1016/b978-0-12-411474-6.00021-9

Online. 1992. Accessed 4 March 2019 from www.brook.edu/its/cei/overview/Ten_

RAID level 0, 1, 5, 6 and 10 | Advantage, disadvantage, use. (2019). Retrieved from https://www.prepressure.com/library/technology/raid

Syed Ubaid Ali jafri - CISSP Exam Guide by Eric Conrad,Seth Misenar. (2019). Retrieved from http://docslide.us/education/syed-ubaid-ali-jafri-cissp-exam-guide-by-eric-conradseth-misenar.html

The Computer Ethics Institute. "The 10 Commandments of Computer Ethics." CEI

The OSI Model – What It Is; Why It Matters; Why It Doesn't Matter. (2019). Retrieved from http://www.tech-faq.com/osi-model.html

The XOR Cipher - HackThis!!. (2019). Retrieved from https://www.hackthis.co.uk/articles/the-xor-cipher

Types of Fires and Extinguishing Agents – The Fire Equipment Manufacturers' Association. (2019). Retrieved from https://www.femalifesafety.org/types-of-fires.html

von Solms, B. (2005). Information Security governance: COBIT or
ISO 17799 or both?. Computers & Security, 24(2), 99-104. doi:
10.1016/j.cose.2005.02.002

What is Secondary Memory? - Definition from Techopedia. (2019).
Retrieved from
https://www.techopedia.com/definition/2280/secondary-
memory

Wilson, S. (2007). The FCC Hearing at Stanford. Legal Research
Paper Series, 21. Retrieved from https://law.stanford.edu/wp-
content/uploads/2015/07/wilsons-rp21.pdf